跳出事务性工作的窠臼

——新时代高校学生工作的体系构建与实践创新

赵 猛 肖 妮 许红军 ㊔

湘潭大学出版社
XIANGTAN UNIVERSITY PRESS

图书在版编目（CIP）数据

跳出事务性工作的窠臼 ： 新时代高校学生工作的体系构建与实践创新 / 赵猛， 肖妮， 许红军著. -- 湘潭 ： 湘潭大学出版社， 2024. 8. -- ISBN 978-7-5687-1532-4

Ⅰ. G645.5

中国国家版本馆 CIP 数据核字第 2024JF6583 号

跳出事务性工作的窠臼——

新时代高校学生工作的体系构建与实践创新

TIAOCHU SHIWUXING GONGZUO DE KEJIU——

XINSHIDAI GAOXIAO XUESHENG GONGZUO DE TIXI GOUJIAN YU SHIJIAN CHUANGXIN

赵猛 肖妮 许红军 著

责任编辑： 牛敬丹
封面设计： 李　平
出版发行： 湘潭大学出版社
社　　址： 湖南省湘潭大学工程训练大楼
电　　话： 0731-58298960 0731-58298966（传真）
邮　　编： 411105
网　　址： http://press.xtu.edu.cn/
印　　刷： 长沙鸿和印务有限公司
经　　销： 湖南省新华书店
开　　本： 710 mm×1000 mm 1/16
印　　张： 12.25
字　　数： 176 千字
版　　次： 2024 年 8 月第 1 版
印　　次： 2024 年 8 月第 1 次印刷
书　　号： ISBN 978-7-5687-1532-4
定　　价： 49.00 元

新时代高校学生工作的
改革任务、价值依归与创新活力

（代序）

甘文波

习近平总书记谆谆告诫我们：“一代人有一代人的长征，一代人有一代人的担当。”中国特色社会主义进入新时代，中国高等教育也进入了大改革、大调整、大发展的时期，要推动教育强国建设，培养堪当民族复兴大任的时代新人，高等教育必须走在教育改革的前列。随着经济社会发展和科学技术的进步，高校人才培养改革机遇与挑战并存。而作为高校人才培养过程中的一个重要组成部分，高校的学生工作及其一线工作者，必须准确把握时代脉搏，紧贴工作实际，坚持守正创新，在新的历史实践中，深入思考和探讨如何从高等教育改革发展的历史进程中重新审视高校学生工作的基本内涵与功能，如何从高校人才培养体系的高度来深入认知高校学生工作的核心价值与任务，如何从未来发展的前瞻视角来积极探索高校学生工作的改革与创新，进而探讨并着力构建与培育时代新人相适应的、相对完善的高校学生工作体系，为全面深化高校人才培养改革、更好地促进学生德智体美劳全面发展拓展新的路径，

奠定更加坚实的基础。

一、紧跟时代步伐才能赢取柳暗花明

万物滋长发展，世界变动不居。当今时代，科技进步一日千里，知识创造和传播的速率明显加快。置身于这样一个快速变迁和深刻变革的时代大潮中，无论个体还是群体，都面临着巨大的发展机遇，也感受到了前所未有的压力。高校作为“科技是第一生产力、人才是第一资源、创新是第一动力”的重要结合点，在第四次工业革命浪潮涌动所带来的这种快速变化的大环境下，只有始终以“人”即教师和学生为核心，适时更新思想观念，在新的实践中从体制机制、方法路径等各个方面进行改革、探索与创新，才能真正把科技链、人才链、创新链有机贯通起来，担负起神圣职责、完成好光荣使命。而聚焦于“人”来进行改革创新，自然要回归到立德树人这一根本任务、人才培养这一基本职责上来。纵观目前高校的人才培养，以“授业”即专业知识传授、专业能力训练的教学改革不断拓展、深入和细化，取得了很好的成效。然而，在新时代，围绕“培养什么人、怎样培养人、为谁培养人”这一根本问题，还需要进一步紧跟时代发展步伐，从三个基本的维度来审视和把握人才培养改革所面临的机遇与挑战。

新时代高校人才培养改革，是在新理论、新思想指引下推进的全面改革。党的十八大以来，习近平总书记围绕教育这一关系党之大计和国之大计、关涉千家万户和民族未来的基础工程，从教育教师教学、学校学科学生、青年青春青为等各个层面，进行了全面深刻的论述，提出了一系列新思想、新观点、新论断，为深化教育改革、推进教育强国建设指明了前进方向、提供了根本遵循。方向明才能路子正，路子正才能动力足。深化高等教育和高校人才培养改革，必须坚持以习近平新时代中国特色社会主义思想为指导，全面贯彻落实党的教育方针，牢牢把握党对高校的全面领导这一关键，立足培养德智体美劳全面发展的社会主义建设者和接班人这一根本要求，紧紧抓住思想政治教育这个生命线，围绕坚定理想信念、厚植爱国主义情怀、加强品德修养、增长知识见识、培养奋斗精神、增强综合素质以及树立健康第一的教育理念，全面加强和改进学校美育、弘扬劳动精神，不断探索人才培养规律，改革育人方法路径。

新时代高校人才培养改革，是在新环境、新条件背景下推进的系统改革。当今世界正处于百年未有之大变局，世界多极化、经济全球化、社会信息化、文化多样化深入发展，新一轮科技革命和产业革命正在深刻改变着人类生活方式和社会生产方式，世界各国既相互依存、共同发展，又处于急剧的变动和激烈的竞争之中。而我国正处在“两个一百年”奋斗目标的历史交汇期，以中国式现代化全面推进中华民族伟大复兴，必须紧紧抓住重要的战略机遇期，但同时也要科学应对来自内外部的各种竞争压力。这既为高等教育的大改革、大调整、大发展提供了新的环境与条件，也对高等教育的高质量发展提出了新的更高的要求。国际竞争，归根结底是人才的竞争；高等教育改革发展，最为基础和关键的是人才培养改革。尽管高校的改革涉及资源配置、人才队伍、学科建设、科研创新、学术机制、内部治理等各个层面，但最终的聚焦点或者说是落脚点还在人才培养。在这一大背景下，深化高校人才培养改革，必须更新思想观念，以更加开阔的视野，从强化专业基础与提升综合素质、运用知识与创造知识的角度，更加注重人才培养改革的综合性、系统性，将课堂与课外有机贯通起来，更加重视并着力构建和完善课外培养体系，为高素质人才培养和高校的高质量发展强基固本。

新时代高校人才培养改革，是在新实践、新特点需求下推进的多维改革。在实现中华民族伟大复兴的新征程中，随着我国全面深化改革不断向纵深推进，经济体制深刻变革、社会结构深刻变动、利益格局深刻调整、思想观念深刻变化，而与之齐头并进的，则是现代科学技术的突飞猛进。这一方面，正如习近平总书记所强调的："党和国家事业正处在一个关键时期，我们对高等教育的需要比以往任何时候都更加迫切，对科学知识和卓越人才的渴求比以往任何时候都更加强烈。"另一方面，高校人才培养改革也面临着更多的新情况新问题，呈现出许多新的实践特点，需要从更加宏观、多维的视角来谋划和推进。这种多维视角主要体现在：在改革的思维观念上，需要突破原有的单纯以课堂教学和知识传授的有效性为主的人才培养改革，将知识教育与能力教育有机统筹起来；在改革的路径选择上，需要适应科技变革所造就的学习革命、教育革命新的实践及其特点，把改革的重心更多地聚焦于以往相对忽视的学生课外培养体系的构建与完善；在改革的主体参与上，需要把"三全育人""五育并举""以生为本"更有效地贯穿于改革的全过程，尤其要落实到改革的内容、政策、措施、方法上，真正着眼于人才培养实效和人的全面发展，强化改革的目标导向与实践需求，彰显师生的中心地位和主体性。

揆诸新时代高校人才培养改革的趋势、环境与特点，这一改革的方向性，尤其是构建高校学生课外培养体系的迫切性日益凸显。这需要我们在教育、科技、人才一体推进这一总的思路指引下，以更加宏观的视野、前瞻的思维，真正把课堂与课外有效贯通起来、协同起来，为培养和造就堪当民族复兴大任的时代新人，提供更好的资源、搭建更高的平台、创造更多的机会。唯其如此，才能紧跟时代步伐，更好地适应经济社会发展和科技进步对高素质人才的需求，在以中国式现代化全面推进中华民族伟大复兴的新征程中发挥高校的独特作用。

二、清晰价值坐标才能笃定奋进方向

价值目标是方向的指引、奋进的动力。长期以来，高校坚持以人才培养为中心，落实立德树人根本任务，不断深化教育教学改革，取得了长足的发展和显著的成效。但随着时代的变化、实践的发展，在高校人才培养过程中，由于某些思维的惯性，把以人才培养为中心机械地理解并在实践中仅仅落脚到以专业课堂教学为中心，而学生的课外培养体系建设相对滞后，使高校人才培养处于一个课堂与课外培养相对分离的、松散的二元结构。这一方面，由于观念与实践的偏差，加上对学生日常管理的精准化、精细化要求越来越高，使高校一线学生工作者更多的是从管理的角度，承担着直接面向学生的比较琐碎、重复率高的事务性工作，成就感、获得感特别是价值感还不强，极容易产生职业疲劳感、倦怠感。另一方面，课堂与课外的相对割裂，并且充分利用课外空间与时间来全面提升学生的综合素质能力缺乏顶层设计、宏观规划与全面统筹，促进学生德智体美劳“五育并举”，在制度建设、机制完善、资源配置等方面还存在某些障碍，学生课外培养就容易被弱化甚至边缘化，不利于人才培养质量的提高和优秀人才脱颖而出。要破解这一难题，需要从经济社会发展、科技进步对高校人才培养提出的新需求及其特点，进一步明确高校学生工作的功能定位与价值目标。而要厘清其目标定位、明确奋进方向，必须回归并反思以下三个基本问题。

第一个基本问题，即高校学生工作是什么？对于这个问题，以往可能深入探究得还不够，以至于高校教育教学工作在实际上仍然沿袭了大学以前的应试教育模式，过度地将重心置于课堂教学、专业学习、考试成绩等方面，而相对忽视了学生的课外培养，将高校学生工作局限在学生的日常教育管理的框架之内。从高校培养德智体美劳全面发展的高素质创新型人才的目标任务，以及创造更大的空间促进学生多样化、个性化发展的人才培养特点而言，课堂专业能力的培养和学术思维的训练固然是基础和关键，但通过课外加强对学生实践能力、创新思维和综合素质的培养，也同样不可偏废，甚至越来越重要。随着经济社会发展、科技发展对人才素质的新需求，未来高校培养出来的人才的竞争力，将会更集中于学生的学习力、洞察力、思考力、创造力、组织力、协作力等综合能力方面，而这些综合能力的培养，只有把课堂教学与课外培养有效衔接起来，才能真正达成高素质人才培养的目标。正是从这个意义上来说，对于“高校学生工作是什么”这一问题的认识，需要以更加宏观的视野，将它置于高校人才培养整体体系来加以重新审视。换言之，无论从高等教育改革发展的历史进程，还是从现实实践来考察，高校学生工作实质上是与教学工作相并重的、涵盖整个学生课外培养的一项系统性的工作。

第二个基本问题，即高校学生工作做什么？把高校学生工作置于整个人才培养体系、锚定为学生课外培养工作这一视野来进行考察，就会发现，它不只是一个确保日常管理与运行、保障基本安全与稳定的底线工作，也不仅是思政教育、奖助贷补、评先推优等日常事务性的工作，还有着许多亟待构建、创造与完善的空间。正如本书从高校人才培养体系，提出从课堂与课外“两个场域论”这一新的视角来考察，就目前而言，在高校课堂培养这一场域，教学组织体系、教材体系、课程内容体系、教学质量保障与监控体系、教学质量评估体系等方面是相对完善的，而与之形成鲜明对比的是，学生课外培养体系却是相对松散乃至严重滞后的。这不仅影响到高校一线学生工作者的方向感、成就感、价值感，更是在很大程度上影响到高校人才培养的质量与水平。仔细探究“为什么我们的学校总是培养不出杰出人才？”的钱学森之问，一个很重要的原因，就是在高校课外培养过程中的学术气息和创新氛围还不够浓，引导学生进行自由探索、实践创造和个性发展的空间还比较窄，如果只局限于专业知识的学习而不注重知识的运用、转化与创造，就难以培养出优秀的、杰出的人才。从这个层面来说，作为统筹学生课外培养的学生工作，将担负着更为重大的责任，其价值和意义，也就不再局限于浅层次的日常教育、管理和引导工作，而是应当深入到人才培养的内涵，将更多的时间与精力投入不断研究和探索如何在课外培养学生的创新思维、创造能力和综合素质上，并搭建起将这一目标任务落实到实践当中去的有效桥梁。

第三个基本问题，即高校学生工作怎么做？将高校学生工作从日常事务性的视野转向人才培养更广阔，也更接近高等教育根本使命的空间，在思路和理念上将是一个大的转变，这一转变自然是比较困难的，因为它涉及一些体制和机制的改革与完善。进而，在实现课堂与课外“两个场域”有效衔接、切实强化课外培养这一人才培养理念大的转变的基础上，要实现高校学生工作的目标任务转换，则更是一个艰难的、复杂的过程。面对这一现实，高校学生工作该如何作为？首先，在宏观理念上，需要从根本上转变高校的人才培养观。因为，以应试教育的模式与方法来培养创新型的精英人才是难以奏效的，而单纯地以学业成绩与水平为评价导向来培养高素质的人才，也只能更多地提高深造率而非整个人才培养的竞争力。只有在人才培养实践中，将课堂培养与课外培养有机统合起来，并让“两个场域”都能各自发挥其独特的育人功能与作用，才能让学生在学与用、知与行上更好地统一起来，真正培养有信仰有灵魂、有德行有情怀、有智识有体魄、有责任有担当的高素质创新人才。其次，在实现路径上，就是要在坚守课外培养工作这一功能与价值定位的基础上，不再局限于“管好人”，而是着眼于如何更好地引导人、培养人、塑造人，重点围绕健全制度机制、搭建平台载体、创设良好环境、提升管理效能，促进力量整合、资源汇聚，以便为学生全面发展和个性化成长提供更多的途径与机会。再次，在工作实践上，要切实从“管理重心”向“培养重心”转变。就以往的实践看，高校学生工作仍然还只是局限在学生的日常教育与管理，尤其是管理的职能职责上，而从人才培养这个大的体系与格局来进行整体设计并谋划工作，研究得还不够，也存在诸多的模糊认知，以至于工作常常处于被动的状态。只有打破思维惯性，从日常管理事务中摆脱出来，把工作的重点放到人才培养特别是学生课外培养体系的构建上来，着眼于促进学生德智体美劳全面发展来思考、谋划和推进工作，才能真正找准学生工作的价值靶向与依归，使看似呆板的、零散的事务性工作灵动起来、有意义起来，也才能更好地引领学生的成长发展，服务于高素质人才培养。

三、主动应变求变才能激活一池春水

要实现高校学生工作从理念到实践的转变，还有很长的路要走，也还有许多艰难的工作要做。未来已来，世界万物，唯一不变的，就是永远在不断地发展变化。高校人才培养的目标任务与环境条件，更是处于思想理论、价值观念、经济社会、文化科技交织叠加、快速变动所带来的急遽变化之中。培养堪当民族复兴大任的时代新人的总体目标坚定而明确，然而，“时代新人”的内涵变得更加丰富，要求也更为高远，如何培养适应并在未来引领中国特色社会主义发展的时代新人，还需要准确把握发展趋势、不断探寻改革之道。经济社会的发展、科学技术的进步，必然呼唤高校人才培养改革，必须围绕由知识转向能力、由学习竞争力转向综合竞争力来展开。在这一实践变革过程中，与课堂专业教学相向而行的、以学生课外培养工作为核心的高校学生工作，既大有可为，更应积极作为，准确识变、科学应变、主动求变，在参与人才培养改革中显担当、开新局、提质量、增活力。

要推动高校学生工作由重学业成绩向重综合能力转变，强化人才培养的导向性。高校人才培养之所以与大学之前的学生培养不同，既在于培养环境、途径、方式上的区别，更在于培养目标、任务、导向上的差别。高校不仅要培养会学习、会考试、专业基础扎实的学生，更要培养有思想、有灵魂、有智慧、有担当，并能够引领社会思想道德风尚的、具有创造活力和国际视野的高素质人才。正是从这个意义上来说，基于本书所提出的课堂与课外相结合的“两个场域”的人才培养视角，课堂教学重专业学习、学业成绩是无可厚非的，但作为统筹学生课外培养的学生工作，则不能只关注学生的学业成绩和只盯着考研升学率、学科竞赛获奖率——这部分学生占比相对较小、目标明确且自律性强，而应当着眼于促进所有学生德智体美劳全面发展、提升所有学生的综合素质能力，来抓好学生课外培养的整体统筹和宏观规划，进一步强化专业知识及综合能力的人才培养导向。

要推动高校学生工作由重日常管理向重过程培养转变，强化教育引导的精准性。基于学生课外培养体系的构建而非单纯的日常教育管理来审视高校学生工作，“管理”也就只是极小的一部分职能，而如何有效规划并利用学生大量的课外时间与空间，强化学生培养职能职责，则应当成为更核心的任务。就一般意义上来说，管理既重过程又重结果，更强调原则性、规范性和普遍性，而相对忽视灵活性尤其是个体的差异性、独特性。由于以往高校学生工作过于局限在管理的职能，在宏观上就“如何培养人”缺乏统筹，导致学生课外成长与锻炼处于一种相对松散的状态；在微观上则陷于评先推优、奖助贷补、安全教育等事务性的工作，而缺乏对个体成长与发展的关照，使学生过程培养的有效性、精准性大打折扣。深化高校人才培养改革，特别是加快推进高校课外培养体系建设，在观念和实践上推动由管理思维向过程培养转变，是适应经济社会发展、科技变革对人才培养质量与竞争力的必然趋势，也是促使高校学生工作从事务性工作中解放出来，将更多的时间、精力、平台、资源聚焦于学生过程培养，既面向全体又关注个体，从而实现精准教育和精准指导的内在要求。

要推动高校学生工作由重整齐划一向重个性发展转变，强化成长成才的多样性。从高校人才培养尤其是课外培养来探究“为什么我们的学校总是培养不出杰出人才?”的钱学森之问，一个重要的症结，就在于当前高校无论在教育观念还是实践上，仍然沿袭了应试教育的模式——教育教学以课堂为中心、课堂培养以专业知识传授为中心、学生优秀与否的评价以学业成绩为中心。由此，政策机制、管理机制、培养机制、评价机制趋于同一，也就难以避免高校办学千校一面、人才规格整齐划一。相对统一的课堂教学内容、质量要求、学业水平评价是非常必要的、公平的，但在学生专业能力发掘方面也仍然需要创设良好的机制，以利于有专业“特长”与“天赋”的学生脱颖而出。而在学生课外培养上，则有着更大的空间亟待开拓。这迫切需要着力打破目前高校学生工作观念上的、功能上的固有定位，打破机械地、单纯地围绕着课堂和日常事务性工作转的状态，更新教育理念，创新方式方法，聚焦于如何培养学生的创新创造思维、提升学生的综合素质能力，来探索、构建和完善学生课外培养体系，为学生多样化发展、多途径成长创设更好的条件、汇聚更优的资源、提供更多的机会。

要推动高校学生工作由重单一评价向重多维评价转变，强化学生评价的科学性。教育评价改革是一项系统的复杂工程，而学生评价改革既是教育评价改革中的一个重点，也是一个难点，它对于“培养什么人”和“如何培养人”起着一个“指挥棒”的基础性作用。在高校人才培养质量及学生评价中，对于课堂教学质量及学生学业水平的评价，虽然还有着许多需要改进的方面，但总体上基于学生学业成绩的数据支撑，形成了一个相对客观和科学的评价指标体系。然而，高校人才培养的质量或者说学生成长发展成效的评价，不只是对学生学习成绩或学业水平的评价，而应当是德智体美劳“五育并举”的全方位、多维度的综合评价。就目前高校学生评价的实践而言，尽管也有“综合测评”，但一方面，能够纳入综合测评指标体系加以考核的，绝大多数仍然是诸如考证考级、学科竞赛获奖等偏重于学业成绩的指标；另一方面，除学业成绩以外，学生其他方面的综合素质由于缺乏客观数据的支撑而难以纳入进来加以考核，这导致对学生的评价最终局限于对学生学业成绩的单一评价，既严重影响到学生评价的全面性、科学性，也在很大程度上强化了“学业成绩优秀即优胜”的、相对片面的学生成长观和人才评价观。从人才培养的视角，由于高校学生工作承担着学生综合素质能力培养的重要职责，推动学生评价由单一评价向多维评价转变，必然要求在学生工作改革过程中必须深入探讨并妥善解决四个基本的问题，即在评价的内容上，如何实现对“五育”成效的全面评价；在评价的方式上，如何实现定性与定量评价、过程与结果评价的有机结合；在评价的主体上，如何实现基于数据的客观评价与教师评价、学生互评和自评的多主体全面参与；在评价的运用上，如何实现把综合评价不仅运用于推优保研，同时有效运用于学生的毕业与就业。当然，解决以上问题，有赖于通过高校学生工作的不断改革与创新，构建相对完善的学生课外培养体系。

[作者系湖南省委教育工委宣传部（统战部）部长、省教育厅思想政治工作处（教材处）处长]

目　录

引　言
让高校学生工作回归人才培养本位

党的二十大报告强调："我们要坚持教育优先发展、科技自立自强、人才引领驱动，加快建设教育强国、科技强国、人才强国，坚持为党育人、为国育才，全面提高人才自主培养质量，着力造就拔尖创新人才，聚天下英才而用之。""培养造就大批德才兼备的高素质人才，是国家和民族长远发展大计。"高校是高素质创新型人才培养的重要基地，既担负着培养德智体美劳全面发展的时代新人的重任，也应当走在教育改革的前列。党的十八大以来，高等教育全面贯彻党的教育方针，紧紧围绕立德树人根本任务，锚定"加快建设中国特色、世界一流的大学和优势学科"目标，不断深化改革创新，在教育教学、人才培养、科学研究、文化传承与创新、国际交流与合作等各方面取得了新的成就，为中国特色社会主义建设提供了有力支撑，作出了新的贡献。

改革只有进行时，没有完成时。随着中国特色社会主义进入新时代，高等教育改革既面临着巨大的发展机遇，也肩负着更加重要的历史使命、改革任务。贯彻以人民为中心的思想，办人民满意的高等教育，必须坚持以人才培养为中心，紧跟时代步伐，顺应实践发展，突出问题导向，不断深化高等教育改革。在回顾、梳理高等教育改革特别是高校改革与建设实践的过程中，在看到成就的同时，也应当清醒地认识到，高校人才培养改革，也还存在着诸多难以适应新时代条件下经济社会发展、科学技术进步对高素质创新型人才需求的问题。在宏观层面上，高校办学模式的相对单一化、同质化造成“千校一面”的局面还未能有根本的改观，特色化发展还需要通过不断改革探索与实践来加以强化；在微观层面上，高校内部治理体系与治理能力的现代化还有待进一步提升，围绕人才培养这一最基础、最核心的功能，现有以课堂教学为中心的人才培养模式改革、以知识教育为重心的教育教学改革、以学业成绩为重点的学生评价改革等领域，亟待突破和完善，以更好地为学生个性化发展提供更大空间、使优秀人才脱颖而出，更好地落实德智体美劳“五育并举”、全面提升人才培养质量，更好地促使不同高校形成自身人才培养特色、为高校的高质量发展奠定更加坚实的基础。

要通过改革来实现这些目标，必须注重改革的整体性、系统性，这无疑是一项艰巨的、具有挑战性的任务。然而，聚焦于高校人才培养改革，虽然一方面同样有其复杂性，但另一方面，只要从观念和思维上突破以往人才培养改革围绕学科和专业设置与建设、教学内容与方法、教学质量监控与评估等相对单一的、“知识教育”领域改革的局限，真正从培养德智体美劳全面发展的时代新人来进行系统的思考和谋划，视野会变得更为开阔，改革的思路也将更为清晰。诚然，以高校教务部门为主，课堂教学、专业知识与能力培养，是高校人才培养的核心，围绕这一核心来深化人才培养模式改革，自然是题中之义和内在要求。高校在教学改革方面取得了许多新的进展和实效，也形成了一个相对完善的体系。课堂教学改革是人才培养改革的核心，但是，反过来，人才培养改革则不仅仅是课堂教学改革，它包括了课堂之外的德智体美劳各个环节的教育改革。那么，课堂之外的学生培养改革又当从何处着手？

学生课堂培养及其改革，是高校教务部门牵头的重要职能职责，而学生的课外培养及其改革，职能和任务自然要落到长期以来承担着学生日常教育和管理职能的高校学生工作部门。只不过，在高校人才培养模式改革实践中，与课堂教学体系建设、课堂培养及其改革形成鲜明对比的是，高校学生课外培养普遍还处于相对忽视和散乱的状态，着眼于德智体美劳全面发展，以提升学生综合素质与能力、促进学生成长与发展为核心的课外培养体系建设还非常滞后。这既有从人才培养的宏观视角如何认识学生课外培养及其体系建设的观念、机制问题，也有如何把握学生课外培养工作、高校学生工作的内涵、价值及其功能定位，以及学生课外培养工作与高校学生工作之间的相互关系问题。在推进课堂培养体系改革的基础上，深入研究和探讨高校学生课外培养工作、学生工作，对于进一步深化高校人才培养改革，既是内在要求，也是一项迫切的任务。

然而，由于长期的固有观念和惯性思维，高校对于学生课外培养工作、学生工作，要么重视还不够，要么存在诸多的模糊认知，以致在一定程度上影响到人才培养改革的视野和人才培养质量。而要厘清其中的关系、找到问题的症结，首先要从高校人才培养改革历史实践和现实要求的角度，厘清并正确认识高校学生工作和高校学生工作部门工作这对关系。

由此，在开始讨论之前，首先要加以区分和明确的是，在这里所要探讨的，是高校的学生工作，而不单纯是高校学生工作部门的工作。

之所以首先要区分这两个概念，主要原因在于：其一，在惯常的观念和工作实践中，谈到高校学生工作，人们就会自觉或不自觉地联想到高校学生工作部门的工作。而实际上，学生工作部门所做的、所能做到的工作，还只是学生工作的一部分。许多的工作必须上升到高校人才培养的高度才能够得以厘清并妥善解决。其二，由于长期以来将高校学生工作窄化为学生工作部门的工作，人们对于高校学生工作的认知，往往停留在学生日常教育、管理和服务这样一个相对宽泛且模糊的概念上，以致包括高校学生工作部门和一线学生工作者在内，对学生工作的主责主业或者说到底要做什么，也就局限于日常事务工作层面。其三，正是由于以上两个原因，所造成的一个现实是，很少有人反思，在大学之前的中小学阶段，基本上只有课程学习而极少有课外文化与实践活动的时间与空间的情形下，设立类似于政教处负责学生日常事务管理，以辅助课堂培养，而大学阶段除了课堂专业学习以外，学生有大量的课外时间与空间，无论是学习方式，还是人才培养方式，都与中小学有着根本的区别。换言之，高校的人才培养不再是、或者说不应当只是像目前的中小学教育一样，单纯地围绕课堂教学、专业知识与技能传授的“应试教育模式”转，而应当引导教师将更多时间与精力投入课外对学生的思想道德、价值观念、创新思维、实践能力等综合素质与成长发展的培养中来。高校人才培养的这一目标要求和实践特点，一方面，使高校学生工作部门的职能，必然与中小学政教部门局限于日常管理的职能相区别，必须将工作的重心从“管理”转向“培养”；另一方面，更为重要的是，一旦从课堂培养与课外培养相贯通、相统一的宏观视角来思考和谋划人才培养改革，由于课外培养工作涉及的范围非常广，实际上大大超出了学生工作部门的职能范畴，必然促使高校进一步改变以往对“学生工作”与学生工作部门工作相对模糊的认识，并重新审视学生课外培养工作、学生工作与学生工作部门工作之间的关系。

这在工作实践中涉及的一个关键问题在于，高校学生工作实质上是人才培养工作的一个重要组成部分，是贯通课堂与课外且着重于学生课外培养的工作，高校学生工作部门的工作则在于牵头统筹学生课外培养工作。只不过，长期以来，没有能够跳出学生工作就是学生工作部门职能职责范围内的工作这一惯性思维，而从高校人才培养，即课堂专业知识与技能的传授、课外综合素质能力的提升这样一个更加宏观的视角来加以审视。并且，在高校目前普遍将主要时间与精力专注于课堂培养的情形下，学生的课外培养工作被相对忽视了、窄化了。因而，遵循高校教育教学规律、人才培养规律，高校学生工作，或者说学生课外培养工作，值得反思的几个现实问题是：

——围绕学生知识与能力培养，如何将课堂与课外相贯通，以适应高等教育改革新趋势和经济社会发展对人才培养的新要求，通过强化课外培养以更好地回应“为什么我们的学校总是培养不出杰出人才”的“钱学森之问”？

——围绕“五育”并举，如何加强统筹以有效把控课外培养导向，既避免学生课外文化与实践活动的同质化、空心化和畸轻畸重，又使学生化被动为主动参与课外锻炼以提升素质能力？

——围绕促进学生全面发展，如何在引导学生参与课外实践锻炼的基础上，形成对学生素质能力科学、全面、客观的评价，从而推动学生评价从单一评价向综合评价的实质性转变？

——围绕高校人才培养改革，如何应对新一轮科技革命尤其是信息技术、人工智能技术的迅速发展所促动的“教育革命”“学习革命”给人才培养带来的新挑战？

——围绕学生课外培养，如何给学生课外锻炼投入更优质的资源、给学生的成长发展提供更多的机会、给学生的素质能力提升搭建更好的平台，并通过科学的工作体系构建使之有效地汇聚于学生？

以上这些，既是高校学生工作面临的实际问题，从更宽广的意义上来说，更是高校人才培养工作必须直面和深入探讨的问题。

现今，针对高等教育的改革与发展这一重要命题，学术界坚持以习近平新时代中国特色社会主义思想为指导，深入贯彻落实习近平总书记关于教育的一系列重要论述，从高等教育的战略地位与使命担当、教育评价改革、教学质量监控与评估、“三全育人”综合改革、课程体系与教材体系建设、人才培养模式改革，到“大思政”和“大思政课”工作格局的构建、大学文化与精神的培育等，从理论到实践，以及从各个不同的领域和角度，都有着广泛而深入的研究，也取得了丰硕的成果，对于促进高等教育的改革与发展，提高高等教育竞争力和人才培养质量，无疑起到了重要的作用。然而，理论研究对于把握工作规律、开阔思维视野、掌握基本方法大有助益，但随着经济社会发展对高等教育质量提出更高的要求，以及高校人才培养面临的实际问题和学生教育引导的过程越来越复杂，更多的是呼唤立足时代实际、中国实际特别是教育实际、学生实际、工作实际而开展的针对性、指导性、操作性更强的实践研究（或称之为经验研究）。从某种意义上来说，理论探讨需要不断强化学术性，特别是很多时候，许多理论成果难以有效转化，而实践探索又缺乏系统性的深度开掘，以致落实到具体工作实践中，面对涌现出来的越来越多的新情况、新问题，应对和解决的办法不多、效果不佳，更难以跟上形势发展变化对于工作实践的改革与创新需求。

理论与实践之间存在的这种非对称性，具体体现到高校学生工作实践，可能面临的情况和问题更为复杂。在日常工作中，一线学生工作者经常遇到一些普遍性的问题，比如，日常事务性的工作都非常多，学生学业帮扶、成长指导、创新创业、职业规划、情感纠纷调解等，要求“十八般武艺”样样精通，而且往往是一件事情接着一件事情，调解完矛盾纠纷，可能又有心理危机等工作需要去处理，得做一个“千手观音”。然而，尽管非常忙碌，但到年终业绩考核的时候，回顾一年的工作，却发现都是一些诸如查课、查寝、填表、写材料、报数据之类的日常琐事，好像没有什么可以总结的，很难有成就感、获得感，甚至极易产生挫败感和职业倦怠。

又如，学校许多单位围绕自身的职能职责和工作任务，经常会组织举办课外实践或专题讲座等活动，因工作需要，会让学生参与进来，而组织学生参与活动的工作便落到了一线学生工作者身上，尤其是对于一些学生兴趣不大的活动，只能按照学号轮流安排。由于学生工作者只是组织学生参与，活动开展得好、有影响力，成效是其他单位的，而一旦学生对活动有不同的意见乃至出现网络舆情，责任则在一线学生工作者没把工作做好。从总体状况来看，学生工作者大多数时候都是在协助其他单位开展活动。

再比如，在高校年度工作要点当中，党的建设、宣传思想文化工作、统战工作、教学、科研乃至工会、离退休工作，一般都会有具体的任务安排和工作布置，但几乎很少有高校将学生工作单独出来，在学校年度工作要点中进行专门部署。在实践中，惯常的做法是，将学生工作所涉及的学生思想政治教育，纳入立德树人或全校思想政治教育工作内容当中，学生课外文化活动则被纳入校团委的工作，而关于学生工作队伍建设，要么被纳入整个教师队伍引进与培养工作，要么被纳入教师工作部门师德师风建设当中，甚至心理健康教育工作都被纳入安全稳定工作来进行安排等。

以上这些问题，从学生工作实践或者说从高校人才培养实践的角度而言，都是值得深入思考和探究的。产生这些问题，一个根本的原因，就在于高校对于学生工作从理念到整体规划与统筹还没有引起足够的重视。在人们看来，高校的学生工作就是学生日常教育、管理和服务工作，但具体要做什么、如何做，都是非常模糊的，说到底，无非就是思想政治教育、家庭经济困难学生的认定、奖助贷补、评先评优等日常工作。因而，学校其他单位也就习惯了学生工作部门和一线学生工作者就是做日常工作、辅助性的工作，只要涉及学生参与的工作，就都交由一线学生工作者来完成，只要学生出现矛盾或问题，责任都在学工线。对高校学生工作存在的状态及问题作进一步的探索和分析，不难发现，人们对于高校学生工作从观念到定位、功能、作用及其改革创新，还存在诸多的误解和误读。

其一，从当前存在的普遍认识与工作状态来看，对于高校学生工作的定位、功能是比较模糊和狭窄的。一般认为，高校学生工作只是学生的教育、管理和服务工作。但具体到学生工作的基本内容、重点任务、发展目标，要么由于思想认识上的局限，要么由于学生事务性工作确实比较庞杂而难以理得清楚、说得明白，也就很难从学生工作作为高校人才培养的一个重要组成部分的角度，确立起一个整体工作架构，导致工作长期处于一种比较零散的状态。即使从教育、管理和服务这个大的层面来认识，也往往将学生工作实践主要地归于管理这样一个比较狭窄的空间。而尽管在学生工作中强调学生思想政治教育的功能，也仍然处于一个比较松散的状态，因为组织、宣传、学工、团委等主要业务单位，都有相关的工作职能和任务，学生思想政治教育作为整个学校思想政治工作的一部分，从高校工作规划或年度计划来看，虽然归于思想政治教育或立德树人的模块，但很少明确具体的部门或单位来进行统筹，以致相关的单位都有任务，但都很难承担起主要的职责。将高校学生工作定位在学生教育、管理和服务而缺乏明确的工作体系架构，并且在工作实践中，又将其窄化为学生的日常管理和服务，甚至类似于中小学阶段政教部门的养成教育、纪律教育等管理工作，从而导致高校学生工作普遍处于一种被动地处理乃至应付事务性工作的运行状态，难以在整个人才培养过程中发挥其应有的功能与作用。

其二，与整体认知和工作观念紧密相关，由于对高校学生工作在人才培养体系中的功能定位缺乏足够的认识，亦即从高校立德树人根本任务、担负的培养德智体美劳全面发展的社会主义建设者和接班人这一根本使命出发，将学生工作作为人才培养过程中的重要组成部分或重要的一环，纳入学校整体工作来进行规划，还没有引起足够的重视，以致将学生工作变成了学生工作部门等一两个主要业务单位的工作，而围绕学生成长发展和综合素质能力提升，对日常事务性的工作与长远发展性的工作还缺乏足够的认识与研究，恰恰将更为关键的学生的发展，特别是学生除了学业发展以外的综合素质能力的培养和发展给相对忽视了、弱化了。这不仅仅影响到对高校学生工作的认知及其发展，而且影响并在事实上使人才培养工作仍然沿着重智育轻能力、重结果成效轻过程培养、重学业成绩轻综合素质的老路在走。针对学生的全面发展，无论“三全育人”综合改革、“十大育人体系”的构建、“五育并举”的实施，还是“大思政”和“大思政课”工作格局的完善，由于缺乏整体思路、规划与举措，仅仅按照指标体系将任务分解到相关单位，最终往往实施难、推进难、收效难。这里的关键在于，如果不是真正从“学生工作是学校的人才培养工作”的高度，从深化人才培养模式改革、促进学生全面发展的宏观视角来认知、谋划并推进学生工作，在整体规划、制度完善、政策支持、力量配备、资源保障、条件改善、部门协同等各个方面，就难以上升到学校层面，光靠一两个部门是难以协调资源、协同推进工作的。由此，更新高校改革与发展尤其是人才培养模式改革的理念，把学生工作置于人才培养的大体系中，通过整体统筹与规划，构建起高校学生工作的基本体系，明晰学生工作的核心目标任务、管理和运行机制，并充分利用好大量的课外时间与空间，来加强学生的教育引导和实践锻炼，从而促进学生全面发展，既是一个紧迫的现实问题，也是一项艰巨的任务。

其三，目前对高等教育领域的理论与实践研究，极为丰富并取得了非常丰硕的成果，然而，从总体来看，针对高校学生工作的思考和研究还不多。虽然从方法论或工作实践的角度，对于学生工作的具体方法和实践案例有许多的探讨，但将高校学生工作置于人才培养的大体系、培养和造就德智体美劳全面发展的时代新人这一更宏观的视野，来探讨高校学生工作的理念、目标、任务以至整个学生工作体系的构建与完善，则非常少。实际上，对于高校学生工作体系构建的探讨，不仅是为了解决目前学生工作实践中遇到的许多现实问题，更重要的还在于，面向未来，随着经济社会发展，尤其是信息技术、人工智能技术的发展在对人们的思维方式、生活方式、交往方式、行为方式、工作方式产生广泛而深刻的革命性影响的同时，必然对人们学习知识、获取知识、积累知识、运用知识的方式与途径、目的与功能产生革命性的影响，或可以称之为“教育革命”与“学习革命”。这一革命性影响也必然会扩展到教育领域，教育改革尤其是明显区别于中小学教育的高等教育领域的改革，必须主动适应这一变革趋势。而作为高等教育改革，或者说是高校改革与发展中的一个核心部分——教育教学与人才培养模式的改革，也必然面临一场大的革命性变革：传统的教师在课堂上教、学生坐在教室里学的教学模式将会发生新的变化，大部分教学内容或将主要由在线教学来完成；教师的主要作用与功能，将不再是专业基本知识与技能的传授，而是学生专业学习过程中普遍遇到的重点与难点问题的解析；单纯的知识积累将变得不再那么重要，看待和思考问题、发现并找到解决问题方法的思维能力、创新能力等综合素质能力，将成为学生竞争力的重要基础和人才评价的主要标准……所有这些，都内在地要求高校对传统教学模式、人才培养模式进行全面的改革，而且这一改革将不再只局限于课堂教学内容及其方法，更多的将是从传统的课堂教学转向课外，从专业知识与技能的传授，转向对学生课外实践锻炼与成长发展的指导、促进学生综合素质能力的全面提升。要适应未来这一发展趋势和实现这一转变，也就从根本上要求高校不能单纯地认为学生工作只是学生日常教育、管理和服务的事务性工作，进而狭隘地将学生工作局限在某一个部门，而应当从学生工作是学校的学生工作、是人才培养模式改革和促进学生全面发展的重要一环来加以审视和谋划。

应当说，许多高校，包括高校从事学生教育、管理和服务的学生工作部门和一线学生工作者，还没有完全意识到目前学生工作实践当中存在的相对散乱的状态，从思维观念和工作实践上还无法摆脱事务性工作的困扰；更没有意识到经济社会发展、信息技术和人工智能技术发展，将给高等教育改革尤其是人才培养模式改革带来怎样的革命性变化，在思想、观念和实践探索上还没有足够的准备。这对于高校学生工作的改革与发展以及高校回答并有效探索和实践“如何培养人”这个问题，都将是极为不利的。

正基于此，跳出事务性工作的窠臼，从高等教育改革与发展、高校人才培养模式改革和落实立德树人根本任务、培养德智体美劳全面发展的社会主义建设者和接班人的宏观视角，让高校学生工作真正回归人才培养特别是学生课外培养的本位，积极探索并厘清高校学生工作的核心目标、基本理念、工作格局、重点任务及其创新发展方向，着力构建一个科学、有效的学生工作体系，以更好地顺应技术发展对学习、教育所带来的广泛而深刻的变革，更好地适应未来经济社会发展对更高质量的高等教育、更高水平的人才培养的改革需求，既解决实践工作过程中存在的现实问题，更面向未来发展趋势推进高校学生工作改革与创新，是一个必须面对的挑战，也将是一项迫切的任务。

第一章

实现思维转换：学生工作是一项系统性的工作

习近平总书记强调：“要深化教育改革，推进素质教育，创新教育方法，提高人才培养质量。”“要努力构建德智体美劳全面培养的教育体系，形成更高水平的人才培养体系。”如何理解和把握高校学生工作，关系到人才培养的理念、实践和质量。长期以来，人们将高校学生工作等同于高校学生工作部门的工作，定位在学生的日常教育、管理和服务，对于其内涵与功能，存在诸多模糊的认知，导致高校学生工作囿于日常事务性的工作，难以发挥其应有的作用。

实际上，大学的人才培养，主要分为课堂与课外两个场域。高等教育从精英教育迈向大众化教育阶段以后，由专任课教师主导的、衔接紧密的课堂与课外培养，逐步相对分离，学生工作部门也从原来作为教务部门的一个科室独立出来。因而，无论从高校学生工作的历史发展及其应当承担的功能来看，还是从大学学习的时间与空间特点即人才培养的要求与实践来看，课堂上的专业知识与技能传授、专业实践与能力提升，对于学生极为重要，但课外培养对于学生的成长与发展、综合素质能力的提升，也同样重要。大学的人才培养只有把课堂与课外有机统一起来，才能在培养德智体美劳全面发展的社会主义建设者和接班人上取得更好的成效。而高校学生工作所应承担的，正是学生课外培养工作。

在以往将学生工作的职能窄化为学生工作部门的工作、将学生工作内容窄化为学生日常教育、管理和服务的情况下，虽然对于高校学生工作为什么、是什么、做什么、怎么做、谁来做等内涵存在比较模糊的认知，在实践中也存在诸多的矛盾与不足，但这一矛盾还没有完全凸显出来。然而，随着科学技术的迅速发展，尤其是信息技术和人工智能技术的不断进化，深刻促动着“教育革命”“学习革命”“课堂革命”，人工智能给教育的理念、内容、场景、方法、评价等带来了剧烈变化甚至颠覆性的变革。要适应这一变革，高校在育人理念上必须由“重知识”向“强能力”转变，在教育教学方式上必须由“知识导向”向“问题导向”转变，因而，课外培养这一短板也就深刻地显现了出来。要有效解决这一矛盾，首先要突破惯性思维的局限，从人才培养这一视角来重新审视高校学生工作的内涵、功能及其发展。

第一节　高校学生工作的基本内涵

在学习、生活和工作的实践过程中，人们往往容易对于一些耳熟能详的事物与概念形成思维定式，产生一种“日用而不觉”的错觉，提起来都非常熟悉，但在深入探究某一事物或概念的内涵及其内在关系的时候，理解和解释起来反倒变得比较困难。比如，习近平总书记针对人才培养，特别强调“为党育人、为国育才”，大家在讲话、写文章时经常引用，但很少从党的事业发展、国家事业发展这两个层面来思考和理解“育人”与“育才”的细微差别，也很少从全面建设社会主义现代化国家、实现中华民族伟大复兴这个层面来思考和理解“育人”与“育才”以及培育“人才”之间的内在关系。再如，习近平总书记在阐述加强和改进新时代思想政治工作时，强调要“因事而化、因时而进、因势而新”，大家同样引用比较多，却很少去思考“事”“时”“势”与“化”“进”“新”之间对应的内在逻辑关系，从而深刻理解三者之间的相互关系及其对推动实践的、更为系统的方法论指导意义。

惯性思维往往使人们较少地去思考和探究一些“常理”，去考察看似非常熟悉的事物和工作背后所隐含的复杂关系与内在机理，也就极容易使思维受到局限，很难从不同的角度和更宏观的视野来看待问题、探究其深层次的原因并找到解决问题的办法，从而推动实践的创造性发展。目前，人们对高校学生工作的认识和理解，正是处于这样一种状态。

对于高校学生工作，大家似乎都非常熟悉，在一般的印象与观念当中，就是做学生日常教育、管理和服务工作。然而，正是由于这样一种固有的思维定式，导致包括高校的许多教育工作者在内的绝大多数人，很少对学生工作的内涵、目标、重点、任务，及其如何适应经济社会和科学技术发展、高等教育改革、高校人才培养模式改革的发展趋势与要求进行深入的考察，从而形成一个比较全面客观的认识。更有甚者，还存在诸多模糊的乃至错误的认知，更不用说对深化学生工作改革与创新进行比较系统和深入的思考，致使高校学生工作普遍处于主责主业、重点任务还不十分明晰的状况下，只能围绕着日常事务性工作来组织与实施。

在总体上，目前高校的学生工作者，对于其基本职能就是要做好学生的教育、管理和服务工作的认知比较清晰，但至于学生工作到底做什么、如何做，以及教育、管理、服务工作的相对边界在哪里、如何统筹，却很难说得清道得明，处于一种囿于事务性工作的混沌状态。造成这一状况，主要有以下几个原因：

一是因为学生工作本身的事务和任务过于庞杂，涉及学生的学习、生活、成长、发展的方方面面，就事务性工作来着手，难以厘清。

二是学生工作的核心目标、主责主业、重点任务等还未能充分明确，在自身尚缺乏比较清晰的工作重心的情况下，其他单位只要涉及学生的相关工作事务，都会顺理成章地交由学工线来处理，导致学工线特别是二级院（系）除了要完成学生工作部门、招生与就业指导部门、校团委等直接面向学生的、业务部门的日常工作任务以外，至少还要完成组织、宣传、统战、保卫乃至工会、关心下一代工作委员会等数个部门直接下达的任务，事务性工作越来越复杂、工作任务越来越重。

三是对于学生教育、管理和服务工作，在主线不明、主责不清的情形下，总体上缺乏深入的研究、科学的归类和全面的统筹，使一些事务性工作相互交错，低水平、重复性的工作也越来越多。

四是从工作整体来考察，学生教育、管理和服务，实际上处于上承学生工作的核心目标与工作理念、下接统合各实践工作的重点任务这样一个中间层次，如果没有核心目标的引导和具体工作、重点任务的明晰，即缺乏整个学生工作体系的顶层设计，就会变得上不着天、下不着地，工作开展起来就会呈现出散而杂、忙而乱的状态。

综观以上原因，归结起来，关键还在于对高校学生工作的基本内涵，即是什么、为什么、做什么、怎么做、谁来做等基本问题，还没有真正理清楚。当然，对于高校学生工作的基本内涵，人们关注和探讨得比较少，仁者见仁，智者见智，看待和把握这一问题的思维、视角、经验不同，可能有完全不同的见解。

然而，尽管高校的整个组织体系、管理体系和运行体系相对而言比较复杂，涉及加强党的全面领导和贯彻落实党委领导下的校长负责制、学术建设、民主管理等领导体制与管理机制，涉及教学、科研、人才培养、文化传承与创新、国际交流与合作五大功能，涉及学科专业建设、基本条件建设、人才队伍建设等软硬件环境与条件保障，涉及高校的改革、建设与发展的各个方面。而就高校的人才培养来看，尽管培养体系、管理体系、质量监控体系等各个环节非常琐碎和复杂，但是，转换一种思路，着眼于高校的核心任务即人才培养，就其关键点而言，它实际上可以简化为两大群体和两个场域：两大群体，一个是教师群体，一个是学生群体；两大场域，一个是课堂，一个是课外。无论是作为两大群体之一的施教者即教师群体，还是在课堂与课外这两个育人场域内，最终的指向和落脚点都在人才培养。在高校的育人空间里，要么由老师在课堂上对学生进行知识与技能的传授，要么由老师在课外对学生的成长与发展、创新意识与创新思维、综合素质能力进行指导和培养。

正是从人才培养这两个基本的、关键的场域来考察，高校教学工作的核心任务，就是课堂教学的组织、管理和学生专业知识与技能的培养工作；而学生工作的核心任务，则是学生课外锻炼的组织、管理和成长发展指导、综合素质能力的培养工作。简言之，教学工作是高校围绕学生的课堂培养而开展的系列工作，学生工作则是高校围绕学生的课外培养而开展的各项工作。

由此而言，高校学生工作的基本内涵就在于：学生工作是人才培养体系当中两大重要场域、两大核心任务和两大关键功能之一，是在课堂专业教学和培养学生专业能力的基础上，涵盖学生课外培养各阶段、各环节的全方位工作，是着眼于促进学生成长与发展、科学思维与创新意识的培养、综合素质能力的全面提升，通过合理规划学生课外时间与空间、构建和完善工作机制与体系、强化过程培养导向、整合优质育人资源，引导和组织全体教师及学校各单位有效参与，共同谋划、推动并实现人才培养核心目标的工作。

第二节　高校学生工作的功能定位

高校的学生工作，长期以来处于一种比较尴尬的境地，在普遍的实践选择中，很少将其置于人才培养这一个大的视野来加强思考和规划，以致在日常工作中，多倾向于维持日常运转，特别是保证学生不出现任何问题，确保学校的安全稳定。当然，这些确实非常重要，因为确保学生日常工作的有序运行和学校安全稳定，是基础工作、底线工作。而且，实事求是地说，对于任何一所高校，无论学生规模如何，要确保不出现任何问题，其实都是很难的事情，谁都无法保证。

然而，高校作为人才培养的高地，在固有的观念和长期的实践当中，很多时候将人才培养局限于教育教学，尤其是课堂的专业课程教学这一狭窄空间，而课外培养，要么完全被忽视，要么由于各种因素的制约被大大压缩，以致素质教育、个性化发展，对学校而言，似乎只是一种“锦上添花”式的点缀，对学生而言，在课外往往处于一种“野蛮生长”的状态。这实际上是违背高校人才培养规律、违背学生成长发展规律的，对于推动高等教育的高质量发展、培养德智体美劳全面发展的高素质人才，也是极为不利的。

依据对高校学生工作基本内涵的考察，从高校人才培养的两大群体和两大场域这一视角来看，在长期的工作实践中，学生工作的功能及其定位之所以被窄化，问题可能就在于，以往对于人才培养的这两个场域、路径与方式的理解过于狭隘，进而仍然按照中小学的应试教育模式，过于重课堂的知识讲解与传授，而轻课外的能力训练与培养。与之相应的，对于学生工作的目标、任务与功能定位也被狭隘化了——仅仅将其定位在学生的日常教育、管理和服务的事务性工作上，将工作局限在与学生密切相关的一两个部门，以致学生工作就是“保底线、不出事”这一认知和观念逐渐被固化，全面规划并充分利用大量的课外时间与空间来加强对学生培养的重要性被大大忽视了。

由于对人才培养工作、学生工作的认知与理解的狭隘化，很难从观念到实践充分意识到这样一个关键的事实：在课堂与课外这两大场域之间，课堂的专业课程教学、知识与技能的培养和传授自然是极其重要的，丢掉了专业培养，大学就失去了其独特性和存在的意义。然而，从培养德智体美劳全面发展的高素质人才这一角度而言，单纯重视专业知识与技能的培养是远远不够的，包括专业实践能力训练在内，学生思想与道德品质的养成、科学思维与创新意识的培养、综合素质能力的提升，必须由课外的培养和实践锻炼来达成。

从这一思路和理念出发，高校要培养德智体美劳全面发展的社会主义建设者和接班人，课外培养与课堂培养是同等重要的。并且，随着经济社会发展尤其是信息技术、人工智能技术发展所造就的学习革命的大趋势下，内在地要求高校人才培养模式改革必须由重课堂教学和知识传授，向课堂与课外、知识传授与能力训练并重的方向转变。因而，要真正促进学生的全面发展，由所有教职员工共同参与的，对学生的课外教育、培养与引导，可能显得更为重要。换言之，就高校人才培养的现实选择特别是未来趋势来说，只有依据课堂与课外这两个场域各自的特点、功能、目标、任务，加强人才培养的统筹，把两个场域都规划好了、都抓好了，才能为培养德智体美劳全面发展的社会主义建设者和接班人打下坚实的基础。

由此而言，突破固有观念，跳出学生工作就是学生日常教育、管理和服务的事务性工作的窠臼，从高校人才培养体系的构建与完善的高度，特别是从高校必须在人才培养模式改革过程中主动适应科技发展所带来的深刻影响与必然趋势来看，高校的学生工作，就是要在学生课堂专业知识与技能学习、专业能力培养的基础上，聚焦并着力于课外学生成长与发展的指导和训练、综合素质能力的培养与提升，通过课外与课堂的有机衔接、相互融通、彼此促进来培养德智体美劳全面发展的高素质人才。

因而，应当将高校学生工作的功能定位置于高校的人才培养这一宏观的视角来加以考察和把握。换句话说，高校学生工作作为人才培养体系中的一个重要组成部分，是学校一项带基础性、全局性的工作，而不应当只是一两个业务部门围绕学生教育、管理和服务开展的事务性工作，是必须从学校层面来引导和组织全体教师、各个单位共同参与学生课外培养的工作。

在从人才培养整体视角来理解和把握高校学生工作功能定位的基础上，跳出事务性工作的窠臼，全面谋划、着力构建和完善高校学生工作体系，还有三个方面的重要功能与作用。

其一，推动课堂与课外两个场域同时发挥作用，是人才培养模式改革的必然趋势。高校学生工作是基于整个人才培养体系，在学生课外这个场域内发挥其功能与作用的。而高校的人才培养，实际上与经济社会发展、科学技术的创新与变革，存在着一种紧密的相生互构的关系。当前新一轮科技革命正蓬勃兴起，以新一代信息技术、人工智能为引领，生物技术、新能源技术、新材料技术等多领域技术相互渗透融合，数字化、智能化技术的大规模应用，给人类生活和人类社会各个领域都带来了深刻的变化。而新一轮科技革命的纵深推进，尤其是人工智能的不断进化，将会对教育和学习产生根本性的影响。一方面，信息技术的发展，将从根本上改变高校的课堂教学模式。当前，高校的课堂教学主要还是老师在讲台上讲、学生坐在教室里听，老师也多是采用 PPT 课件的多媒体课程教学，并积极鼓励和推广研讨式、启发式的教学方法，然而，基本上还是从头到尾将课程内容进行讲授，完成教学任务。这种面对面的教学方式，当然是极为重要的。但是，信息技术的发展，促使包括世界大学城、智慧树网在内的许多大学网络课程平台建设，都取得了迅速的发展，汇聚了海量名师和高品质课程，许多课程还支持跨校授课、学分互认等等。很多时候，老师们抱怨学生到课率低、抬头率低，认为一线的学生工作者没有做好工作，而实际的情况很可能是，学生已经通过在线课程平台完成了课程内容的学习，再到课堂听老师讲授一遍没有了实质的意义。在信息技术飞速发展促使在线课程日益丰富的情况下，老师们按照既有的教学模式梳理知识点已不能满足专业课程教学的需要。也就是说，课堂教学必须从以知识的梳理和传授为重点，转向以解答学生在专业学习过程中普遍遇到的重点与难点问题、培养学生的专业思维与创新思维为重点。否则，学生就不一定要到课堂上来，通过线上学习，只要参加课程考试并通过考试就可以修满学分和毕业。另一方面，人工智能的发展将使单纯的专业知识学习与积累变得越来越不重要，它将学生从死记硬背知识的书山题海中解放出来，学生之间的竞争及优胜与否评判的重点，将不再是专业考试的成绩单，而更多的是科学的学习方法、思考问题的知识广度与思维深度、发现问题与解决问题的能力、良好的协作意识与能力等创新思维、进取精神、合作意识与创造能力，单靠课堂培养是难以适应学生的学习需求和整个人才培养的目标要求的。信息技术的发展、人工智能的进化，要求高校的人才培养必须把包括专任教师在内的关注点、聚焦点转向课外培养，从“知识导向”转向“问题导向”，从以知识学习、知识获取和知识积累为重点，转向以思维训练、创新意识、素质能力的培养为重点。也就是说，以课外这一场域为重心的学生教育、培养工作，将变得越来越重要，而这恰恰是高校人才培养模式当中学生工作发挥重要功能与作用的主阵地。

其二，统筹规划并强化学生课外锻炼，是提高人才培养质量与水平的重要一环。信息技术的发展、人工智能的进化所形成的张力，促使高校人才培养模式改革必须把关注点从课堂培养投向课外培养，让课堂与课外这两个育人场域有机协同起来。而长期以来，高校对于课外培养是相对忽视并缺乏系统规划的，这很大程度上也是造成大学“千校一面”、大学生“千人一面”，正如钱学森老先生所拷问的“为什么我们的学校总是培养不出杰出人才”的一个重要原因。无论教学方法如何改进，课堂的专业课程教学、专业能力培养和学生的专业知识学习，其核心的内容在各高校都是一样的，唯一的区别就在于学生的学习是否用功、学业成绩整体水平的高低，而学生的个性化培养和发展，由于缺乏应有的机制、平台和机会，则被大大抑制了。这种机制、平台和机会的搭建，只有在将课堂培养与课外培养有机衔接、对课外培养进行系统规划并强力推进之后，才有可能生成。因而，作为宏观视野下学生工作的重要阵地，对课外这一育人场域进行统筹规划，也就显得极为重要和迫切。如果说课堂培养重在学生专业知识与技能的传授、专业创造能力的培养，那么，课外培养则在加强学生专业实践能力训练以巩固专业基础知识的同时，重在围绕学生创新意识与能力、成长与发展、综合素质能力的培养来强化实践锻炼。这种课外培养与锻炼的规划，应当既是面向所有学生的、着眼于学生德智体美劳全面发展的和全方位的，同时又要有利于学生的个性化成长与发展、有利于综合素质高且有优势专长的优秀学生脱颖而出。推动高等教育高质量发展、提升高校人才培养质量和水平，其聚焦点和着力点就在于此，其生长点和落脚点也应当在于此。

其三，深化学生教育管理改革与创新，是提升高校治理能力与水平的内在要求。高校治理能力与水平，体现在教育教学、科学研究、人才培养、内部管理、资源获取及配置能力等各个层面，高校治理得如何，核心的指标也集中在这几个方面。然而，由于长期以来的固有观念和传统做法，在实践当中，很多时候是将教育教学窄化为课堂教学，将人才培养窄化为专业知识与技能的培养，以致将应当承担起课外培养核心功能的学生工作，窄化为学生的日常教育、管理和服务工作，并仅仅将其归入高校的内部管理领域。因而，在许多人看来，高校学生工作就只剩下了日常性、事务性的非常庞杂的工作，大部分的日常工作如家庭经济困难学生的认定、奖助贷补、评先推优等，又都是有相对固定的时间节点和规范要求的程序性工作，谈到改革，充其量也就是某些工作环节上的改进。从这个角度，包括许多一线学生工作者在内，普遍认为学生工作“创新难、难创新”，更难以上升到高校治理层面。实际上，从人才培养的整体视角，从课堂与课外两个育人场域来考察，作为学生工作的核心职能，学生的教育与管理工作，涉及学生成长与发展、综合素质能力提升等各个方面，深化学生教育、管理改革与创新，是高校完善人才培养体系和深化人才培养模式改革的一个重要组成部分。教学组织与管理、课堂培养的质量与成效，是检验高校人才培养质量和治理能力与水平的一个重要维度，而落实立德树人根本任务，构建和完善学生课外培养体系，强化学生素质能力培养导向，增强学生过程培养的针对性和实效性，以综合评价为重点完善评价指标体系，深化学生评价改革，提升学生日常管理和服务效能等理念、思路、规划、措施、实效如何，也是检验高校治理能力与水平的一个重要标尺。由此而言，构建和完善高校学生工作体系，深化学生教育、管理改革与创新，是提升高校治理能力与水平的内在要求和一项迫切的任务。

总之，只有以更宽广的视野和前瞻的思维，将高校学生工作定位在学校的学生工作、置于人才培养的大体系中，把课堂培养与课外培养有机衔接起来，着眼于课外这一重要的育人场域，来构建和完善整个学生工作体系，才能真正适应未来经济社会发展、科技变革对高等教育改革和高校人才培养模式改革所带来的挑战及其发展趋势，才能真正发挥好课外文化与实践锻炼对于促进学生成长与发展、培养学生综合素质能力的重要功能，也才能更加有效地提升高校人才培养质量和办学治校水平，为培养德智体美劳全面发展的社会主义建设者和接班人注入新的活力与动力。

第三节　高校学生工作的改革趋势

就高等教育改革与发展及其对国家和社会的战略性、基础性支撑作用而言，其在推动并引领社会思想文化的发展、科学技术的进步与创新的同时，还有一项核心的任务，就是要为经济社会发展提供强有力的、源源不断的高素质人才支撑。因而，高校的人才培养，必须符合经济社会发展和科学技术变革对人才素质、能力规格的要求。反过来，经济社会发展、科学技术创新所带来的社会进步及深刻变革，也必然会投射到高等教育领域，促动着高等教育及人才培养模式的改革，以更好地适应这一发展和变革的趋势与需求。

高校学生工作的改革与发展，实质上是在高等教育改革与发展这一大背景和趋势下，同高校的人才培养改革紧密联系在一起并与之相适应的。而对我国高等教育改革与发展的历史进程与现实实践做一个深入的考察，则可以清晰地看到，从根本上说，触发高等教育改革进而促进人才培养改革的，主要来自两大方面的力量，或者称之为两个方面的内驱压力：经济社会发展的需求、现代科学技术的创新与发展。并且，很多时候还源于这两大力量相互作用下所带来的高等教育改革与发展的动力与压力的叠加，即一方面，经济社会发展对科学技术的革新提出需求，推动科技的持续创新与变革；另一方面，则是科技的迅猛发展，反过来促使经济社会各领域的变革。而这两大力量相互作用的不同方式，在一定程度上又内在决定着对高等教育的不同需求及高校人才培养模式改革的不同选择。

经济社会发展的需求，内在地决定着高校人才培养的规格及质量要求，而就经济社会自身的发展而言，归根结底，科学技术是第一生产力。因而，立足科技创新、经济社会发展与高等教育改革之间的紧密关系，立足三者之间互动关系的历史与现实，可以从科技发展相对滞后于经济社会发展需求、科技发展与经济社会发展协同共进、科学技术支撑并引领经济社会发展这三个基本的发展进程，及其推动我国高等教育改革与发展并由此促动高校人才培养改革的视角，对高校学生工作的开展及未来取向进行一个探讨与分析。

其一，从科技发展相对滞后于经济社会发展需求这一进程来看，经济社会的快速发展，亟须科技创新作支撑，进而对大量的高精尖科技研发高端人才提出了迫切需求。因而，为适应这一需求，高等教育的一项重要使命，就是培养一大批从事科学研究工作和技术研发与创新的高素质人才，这反映到我国高校的人才培养模式或实践当中，即为实施精英教育。20 世纪 90 年代中期以前，在精英教育模式下，一方面，由于高校学生的总体规模比较小，学生在智力基础、知识基础、素质能力基础等方面，整体上差距不大，特别是毕业即就业的包工作分配制度，使得无论是教师的专业课教学，还是学生的专业知识学习等各方面的竞争压力不大。在这一环境下，学生专业学习和能力锻炼的自主性较强，自由发展和自主探索的空间较大，在课堂学习之外，可以将大量时间投入广泛阅读与钻研、实践能力锻炼，以及发展个人兴趣爱好和优势特长等各方面，课外自我培养和自主锻炼的动力比较足。另一方面，在主要不是“唯分数”的考核评价方式下，教师专业课程教学的压力相对较小，而学生规模小、师资力量相对充足，专任教师往往将大量的时间与精力，投入课外与学生交流研讨并对学生的成长与发展、素质能力锻炼给予有效的指导中去。在这一模式下，实际上对于课外培养，专任教师参与并投入的时间比较多，学生自我培养的求知欲和主动性比较强，以专任教师为主导的课堂培养与课外培养得以有效衔接，界限并不是太明显。因而，以课外为重要场域和阵地的高校学生工作，主要是协助专任教师加强对学生的课外指导与培养、做好学生的日常事务管理工作，在课外培养发挥的空间和余地不大，在专任教师参与并实际上主导了课外培养的情况下，高校学生工作必然会居于次要的从属地位。

其二，从科技创新与经济社会协同共进这一进程来看，经济社会处在以某一速度、规模、结构和效益实现快速发展的阶段，在一定程度上，科技创新与发展基本上能够满足并支撑处于这一发展阶段的经济社会发展需求，即两者处于某种同频的情形。但是，一方面，由经济社会发展的阶段性特征所决定，20 世纪 90 年代中期至 21 世纪初的十年，经济社会发展主要不是依靠科技创新驱动，而更多的是以规模效应和资源投入特别是劳动密集型的人力资源投入为主来实现增长与发展。另一方面，随着物质生活水平的普遍提高，人民群众对高等教育的需求不断增长。因而，高等教育改革与发展的一个重要任务，就是要在继续培养高素质创新型科技人才和推进科研创新、提高办学质量的基础上，更多地着眼于全面开发高素质人力资源和提高劳动者素质、更好地满足人民群众对高等教育的需求。这反映到高校人才培养模式改革当中，即为从精英教育转向大众化教育，高等教育步入大众化阶段。与精英教育模式所面临的环境、条件不同，大众化教育阶段的人才培养模式，面临更为复杂的挑战并呈现出新的特征：首先是经济社会的纵深发展推进社会分工越来越细，行业、产业和领域不断细化，从而导致学科和专业也随之不断细分，而现代管理、现代科技的发展则要求更多的既有扎实专业知识与能力，又拥有跨专业知识基础的复合型人才。其次是随着高校办学规模的扩大、学生人数的增加，专任教师的增长速度远远跟不上在校学生的增长速度，加上科研方面的压力，专任教师在完成课堂教学任务之外，很少有时间与精力投入课外对学生的教育、培养与指导。再次是学生规模的大幅增长，加上招生并轨、自主择业、社会各行各业对学历门槛的提高，以及学生毕业之后是往研究型人才还是应用型人才方向发展的职业选择等，使学生的学业压力、竞争压力、发展压力急剧增强。同时，随着办学规模的扩大，许多高校尤其是地方高校办学资源相对紧张，除了保障课堂教学和人才引进、科学研究的投入以外，围绕学生的成长与发展、综合素质能力提升的资源投入被大大压缩了。正是由于这些因素的综合影响，在大众化教育的人才培养模式下，学校、学科、学生和教育、教学、教师，无论哪一个层面，几乎所有的注意力、资源和力量，都转向并集中于课堂教学，专注于学生专业知识和技能的培养。由此，课堂培养与课外培养、教务工作与学生工作被完全分离开来，高校人才培养以专业课程教学为主要任务，以课堂为主要场域的观念、模式与实践逐渐固化，而应当在课外承担起培养学生综合素质能力、促进学生全面发展这一人才培养功能的高校学生工作，由于缺乏相应的规划及工作机制与体系、应有的资源配置与条件保障，缺乏全体教职工尤其是专任教师的有效参与，逐渐被窄化为学生日常教育、管理和服务的事务性工作，局限在与学生密切相关的几个工作部门。

其三，从科学技术支撑并引领经济社会发展这一进程来看，由于科技创新在各领域不断迸发的全域性和技术迭代升级的加速演进，在改善人类生活和促进经济社会发展的同时，也衍生出令人眼花缭乱的颠覆性技术及产品，并带来了越来越多的不可预测性和不确定性。这种不确定性，投射到高等教育改革与发展尤其是人才培养实践方面，反而成为高校必须将课堂培养与课外培养有机统一起来推进人才培养模式改革的确定性。这是因为，从高等教育改革与发展而言，经济社会发展尤其是信息技术、人工智能技术的发展，最终会内在地要求甚至倒逼高校的教育教学改革和人才培养改革。这突出体现在两大方面：一方面是在教学改革领域，无论是专业课还是公共课的教学，单纯的知识传授，将会大大让位于对学生普遍存在的知识要点、难点、堵点问题的梳理与解答，以及前沿知识的传授。另一方面是整体人才培养模式改革领域，在科技发展所造就的教育革命、课堂革命、学习革命的大趋势下，课堂单纯的课程教学与知识积累，将大大让位于课外对学生专业能力的训练、创新意识与创新思维的培养、成长与发展的指导、综合素质能力的提升。换言之，相对现状而言，高校未来人才培养模式改革的一个重要趋势，是课堂教学与课外培养的重心将发生根本性的转移。在知识的学习与积累将大大让位于实践能力、创新精神等综合素质能力提升的必然趋势下，聚焦于这些素质能力提升的课外培养，将变得越来越重要，并且越来越从根本上决定着高校人才培养的质量与水平。而着眼于人才培养主要集中于课堂与课外这两大场域，以课外培养为核心任务与主要阵地的高校学生工作，必然要担负起应有的功能、发挥更大的作用。这也就意味着，为适应人工智能技术发展所带来的广泛而深刻的变革，高校人才培养模式改革必将面临的现实选择是，必须高度重视并切实加强学生课外培养的顶层设计与宏观规划，构建起一个立足课外场域、面向促进学生成长与发展和综合素质能力提升的、能够有效协调和整合优质育人资源的学生工作体系。

回顾和梳理经济社会发展、科技进步与高等教育改革相互作用的基本过程，尤其是这三方面与高校人才培养改革的紧密关联可知，实际上，在精英教育模式下，专任教师除了通过课堂教学传授专业知识与技能外，将许多的时间与精力投入了学生课外培养方面，并且在很大程度上主导了学生课外实践、创新意识与创新思维、成长与发展、素质能力提升的引导和指导，课堂培养与课外培养的界限并不明显，因而，很多高校的学生工作最开始是作为教务部门的一个科室存在的，也就是主要协助专任教师抓好学生的日常教育、管理和服务工作。但随着高等教育大众化阶段的到来，高校办学规模不断扩大，在校学生成倍增加，而相对学生数量的增长，专任教师数量虽然也有所增加，但其增长速度相对较慢。加上专任教师专业课程教学以及科研任务的加大，投入学生课外培养的时间与精力大幅减少，同时随着学生日常事务不断增多，学生工作从教务部门独立出来。然而，独立出来的学生工作部门，其功能与作用，并没有定位在人才培养，即承接精英教育模式下学生课外培养这一核心功能，而只是承担了作为原来教务部门一个科室的职能，仍然只是负责学生的日常教育、管理和服务工作。随着高等教育改革和高校办学规模的扩大，教务工作与学生工作相对分离，教务工作承袭了原来的学生课堂培养、教育、管理与教学改革、研究等功能，而学生工作则没有能够真正担负起学生课外培养的职责。这一状况一直延续至今，也就造成了学生工作功能的弱化，以及学生工作就是学生日常管理工作和与学生密切相关的几个业务部门的工作这一观念的逐步固化。

然而，综观以上三个发展进程或者说高校学生工作呈现的三个存在形态，由经济社会发展需求、科技发展与创新这两大力量所引发的高等教育及其人才培养模式改革，虽然存在不同的作用机理，即在前面两个进程中，由于经济社会发展对科技、人才的需求是相对清晰并具有确定性的，因而它所造就的高校人才培养模式改革，在思路、方向和举措上也是相对清晰的；而科技迅猛发展并推动社会各领域全面变革，尤其是信息技术的发展造成教学模式与学习空间的变化，人工智能技术发展所带来的由重知识学习与积累转向重思维与能力训练、重知识导向转向重问题导向的学习革命，则使高等教育改革面临着诸多的挑战。但是，高等教育及高校的人才培养也有着自身的内在规律，无论经济社会发展需求还是科技创新如何变化，作为人才培养的两大场域不会改变。

由此而言，从当前高校人才培养的现实及未来发展趋势来看，经济社会发展尤其是科技发展内在地要求高校切实把课堂与课外这两个场域真正有效对接起来，将学生专业知识和能力培养与促进学生全面发展、提升学生综合素质能力真正有机统一起来。只不过，在长期以来的人才培养模式改革及其实践中，课堂与课外这两大场域、教务工作与学生工作两大体系，呈现出畸重畸轻的发展态势，仍然处于一种相对分离且集中于课堂培养的状态。而高校对于有效应对科技革命对人才培养模式改革形成的挑战，科学规划并强化以学生课外培养为核心任务的学生工作，加快构建并完善学生工作体系，以更好地培养德智体美劳全面发展的高素质人才的重要性，目前可能还未引起足够的警觉与重视。

第四节　高校学生工作的系统谋划

不谋全局者，不足谋一域。谋划工作如果缺乏整体视野与全局观念，就会囿于一时一事，做些任务式、应付式的工作，难以有大的作为和新的进展。高校学生工作立足于人才培养整个体系，将工作的核心目标定位在促进学生成长发展和综合素质能力提升，就是要从宏观上突破原有的思维定式，不耽于将职责和任务仅仅局限于涉及学生的事务性工作上，而是着眼于学生这个主体来思考、谋划和推动工作。但是，由于所在的部门不同、所处的位置不同、所支配的资源不同，站在哪一个层面来谋划工作，在视域上是不一样的。高校学生工作是一项系统工程，需要高校站在整个学校和学生发展的层面，着眼全局，从三个关键的维度来加以协同。

一、从“培养什么人”的高度对学生大量的课外时间与空间进行合理谋划

培养什么人的问题，是教育的首要问题。习近平总书记强调，教育是国之大计、党之大计，要“在党的坚强领导下，全面贯彻党的教育方针，坚持马克思主义指导地位，坚持中国特色社会主义教育发展道路，坚持社会主义办学方向，立足基本国情，遵循教育规律，坚持改革创新，以凝聚人心、完善人格、开发人力、培育人才、造福人民为工作目标，培养德智体美劳全面发展的社会主义建设者和接班人，加快推进教育现代化、建设教育强国、办好人民满意的教育”。围绕这一根本任务，深化高校人才培养改革，在实践过程中实际上面临着诸多的矛盾与

挑战。其中一个关键性的问题，就是如何推动高校办学过程中仍然存在的重教学轻教育、重智力提升轻能力锻炼、重课堂知识传授轻课外实践指导，真正转向学生专业学习和综合素质能力提升齐头并进，促进青年大学生的全面发展。就这个意义而言，从“培养什么人”的高度来谋划高校学生工作，即以促进学生成长发展和综合素质能力提升，来科学合理地规划好学生课外实践锻炼的时间与空间，也就显得尤为重要。

就现实而言，由于各种因素的制约，高校尤其是地方高校人才培养过程中，重教学轻教育、重智力提升轻能力锻炼、重课堂知识传授轻课外实践指导的现象一时还难以解决。这造成的一个现状是，应当作为规划并组织学生通过课外实践锻炼提升各方面素质能力的学生工作，其功能与作用没有能够得到应有的发挥，导致无论从观念、机制、资源等各个环节，乃至在学生及其家长、社会各界的印象与认知当中，均认为专业学习和成绩至上，高校的学生工作只是辅助课堂教学的工作，课外的实践锻炼及其对学生综合素质能力提升的作用被大大忽视和弱化了。

长期以来形成的这种观念及其在学生培养中的实践，至少带来三个方面的重要影响：其一，就是人才培养的规范化、标准化，造成千人一面的现象越来越严重，个性化培养及学生的个性化发展空间被大大压缩了，高校人才培养质量实际上呈下滑的趋势，这是产生“为什么我们的学校总是培养不出杰出人才”的钱学森之问的一个重要原因。其二，就是导致“高分低能”，在学生学业成绩和素质能力尤其是思想道德素质之间，往往会产生一个“二律背反”的现象，即思想政治理论课的课业成绩，学生普遍都比较好，极少数学生分数还非常高，然而，一旦进入实践，尤其是遇到集体利益、他人利益与个人利益发生冲突的时候，部分学生首先考虑的可能是个人利益有没有受到损害；遇到一些热点问题乃至大是大非的问题，哪怕稍作分析则能判别其性质与危害，极少数同学也容易人云亦云犯迷糊，在网络上跟风；甚至在日常生活当中，遵守基本的社会公德乃至与同学、朋友、家人因无关紧要的琐事，发生矛盾与摩擦，稍微放低一点姿态或作出一点让步则能化解矛盾的时候，极少数同学却表现得非常自我和执拗。这从一个侧面说明，学生思想教育和实践引导，其实还有许多的细致工作要做。其三，就是所谓的学生“功利化”倾向。之所以用“所谓的”，是因为究其根源，尤其是从人才培养导向到实践过程这个转换当中，学生评价机制上出现了某些偏差，即学生综合素质能力的评价，还没有能够构建起一个科学客观的标准体系与评价方法，以致考研保研、评先评优乃至推优入党等，仍然主要的或者是全部依据，就是学生的学业成绩。在这一评价机制下，学生自然就按照“指挥棒”走，进入大学的整个环境、氛围、标准和要求，让学生主要对照相应的标准和条件，奔着考研、保研、评国家奖助学金去，主要的时间和精力都投入专业课程学习、学科竞赛等这些“有用”的方面，即使在综合素质测评占极小比例的情况下，学生参加课外活动和实践锻炼，也主要是为了拿到综合测评分，甚至对照考研保研等标准，算一算自己的综合测评分已拿满了，再多一次活动都不愿意再参与了，这就是学生所谓的“功利化”的一个普遍现象。

要通过高校人才培养改革，来改变这一现状，还需要高等教育整个体制、机制改革的推进，这是一项长期的任务，但也应当成为高校改革的一个方向。在这一大的方向下，以促进学生成长发展和综合素质能力提升为目标导向，来深化高校学生工作改革，便成了一个必然的趋势，也是高校人才培养改革一个重要的甚至是非常关键的组成部分。只有从这一大的趋势和人才培养改革全局来谋划高校学生工作，才能使工作更具前瞻性、针对性和实效性。

立足“培养什么人”，即不仅要培养会学习、学业成绩好的学生，更要培养德智体美劳全面发展的高素质创新型人才，着眼高校人才培养改革趋势来整体谋划学生工作，在工作思路和规划设计上，需要把握三个方面的重点：

一是从制度和机制的设计上要有利于促使学生主动地参与到课外实践锻炼中来。学生工作主要是对学生课外时间和空间的整体规划、合理安排和组织实施，但在现有的制度、机制以及人才培养导向下，可以说对学生参不参与课外实践活动并没有太大的约束力。也就是说，课外文化与实践活动设计得再好、再丰富，应当说大部分学生不愿意或不主动参与的，仍然不会参与，而参与活动的往往就是为考研保研、评先评优等拿更高综合测评分的所谓“功利主义”的一部分学生，真正纯粹从发展个人兴趣爱好和特长、提升自身素质能力的愿望出发，主动来参与活动的其实只是极少数。因而，要面向所有学生，促进每位学生德智体美劳各方面的平衡发展，必须在学生工作规划中完善学生参与课外文化与实践活动的激励和约束机制。通过将学生有效参与课外文化与实践活动纳入综合测评并加以科学评定，增加学生综合测评在保研推荐、评先评优等项目中的比重，或者设立课外“第二课堂”必修学分及其评定机制，并纳入学生能否毕业的考核等多种方式，增强制度刚性，使所有学生都能主动参与到课外实践锻炼中来。

二是从实践项目的设计上要有利于结合大学的学习特点，学生的课外时间安排应满足不同学生群体的需求。大学的学习主要分专业课程和选修课程的课堂学习、课外实践锻炼两个大的部分，并且课外时间非常多。但是，由于学科、专业不同，课程安排的时间不一，加上学生因兴趣爱好与特长对参与某项活动的偏好和选择不同，在学生工作整体谋划中，很难在课外文化与实践活动项目的时间安排上做到整齐划一。换句话说，在学生课外文化与实践活动的整体谋划中，必须考虑到不同学生的不同时间安排与发展需求，围绕德智体美劳“五育并举”这五大模块对课外实践项目进行总体规划的基础上，要让每一个模块的活动项目足够丰富和有质量，以便于每一位学生根据自身的时间安排、兴趣爱好、成长发展需求进行自主、灵活的选择。

三是从课外锻炼机会的设计上要有利于将促进学生成长发展和提升综合素质能力融入日常。在目前高校学生工作的规划中，对促进学生德智体美劳全面发展进行规划与设计，并有效配置与之相应的资源、平台、载体，特别是为学生的成长锻炼和个性发展提供更为丰富的物理空间，相对而言是比较欠缺的。与此同时，构建和完善学生参与课外锻炼的机制与环境条件，使思想引导、能力提升、成长锻炼，尤其是将通识教育、素质教育融入日常管理和教育当中，还有较大的差距和努力的空间。因而，高校在谋划整个学生工作过程中，不仅需要对思想教育、文化建设、日常管理、心理健康教育乃至志愿服务、社会实践活动等活动项目进行精心策划，更需要重视对学生日常参与实践体验与能力锻炼的物理空间和环境条件建设的规划。比如，关于社会主义核心价值观教育、中华民族优秀传统文化教育、公共文化与礼仪教育、安全教育等，这些与学生素质能力提升密切相关的通识教育、素质教育，单靠素质教育讲座、主题班会、专题教育等方式，难以收到实效，必须纳入整个校园文化体系建设当中，通过规划和建设实体性的主题体验馆、教育基地等方式，与学风建设、学习氛围的营造有机统一起来，将之融入学生日常教育与管理当中，才能真正实现教育引导的常态化、长效化，做到润物无声，使学生经常得到熏陶，达到日用而不觉的功效。

二、要从“怎样培养人”的高度对促进学生成长发展和学生评价改革进行细致谋划

对于“怎样培养人”，习近平总书记在关于教育的系列重要论述中，作出了许多精辟的阐述，提出了许多原则要求，比如要“遵循思想政治工作规律、遵循教书育人规律、遵循学生成长规律”，要“因事而化、因时而进、因势而新”，教师要“以人格魅力引导学生心灵，以

学术造诣开启学生的智慧之门”“不能只做传授书本知识的教书匠，而要成为塑造学生品格、品行、品位的‘大先生’”等，为高校及广大教育工作者落实立德树人根本任务指明了方向、提供了遵循。

高校学生工作在遵循这些基本原则与要求的前提下，围绕“怎样培养人”，对工作进行全局性的谋划，要从加强工作统筹、完善制度机制、整合优质资源、创新方法路径等各个方面来进行设计与安排。而在宏观谋划过程中，为了切实增强系统性，有四个方面的基本思路与方向需要重点把握：一是靠什么教育青年大学生，即在谋划中要突出学生工作的理念与目标引领，围绕促进学生成长发展和综合素质能力提升，针对高校学生工作中存在的带普遍性、深层次的现实问题和重点难点问题，加强思考与研讨，以便在思路、观念和体制、机制等方面有足够的改革空间，增强工作谋划的前瞻性。二是把什么教给青年大学生，即在谋划中要突出学生工作的任务与内容规范，厘清新时代条件下高校学生工作的核心任务，从学生成长和社会发展对大学生素质能力的需求端，有效解决学生教育、管理和服务工作中重点内容、重点活动、重点项目的供给，特别是为人、为事、为学的常识，立德、立功、立言的精神，思想、理论、价值的要义，以及历史、人文、科学的素养等教育内容的整体规划，从而使整个学生工作开展起来有目标、有内容、有规范、有步骤。三是拿什么教会青年大学生，即在谋划中要突出学生工作的平台与载体建设。围绕有效促进学生成长发展和提升学生综合素质能力，细致谋划学生课外文化与实践活动实施的工作机制、协同机制，突出如何有效整合优质资源、搭建平台载体、强化过程培养，使实践工作的开展有抓手，学生素质能力锻炼有平台。四是用什么教好青年大学生，即在谋划中要突出学生工作的路径与方法创新。既要明确落实学生工作重点任务的指导性和规范性原则、要求与路径，以及政策支持与资源配置，又要明确学生工作内容、形式、方法创新的激励措施，以鼓励一线学生工作者积极探索并创新贴近青年学生接受特点的形式与方法、贴近学生日常学习生活提高教育引导实效的鲜活经验，以及积极打造思想政治教育、课外文化活动、社会实践活动品牌，不断增强学生工作的创造活力。

当然，学生工作是围绕学生、关照学生和服务学生的工作，立足“怎样培养人”，在工作中加强活动内容、实践项目、平台载体、方法路径的谋划，最终的落脚点就在于促进学生的全面发展和综合素质能力的提升。因而，在整体谋划中，还要在“怎样培养人”的实践基础上，界定“培养得如何”，即在考察衡量学生工作绩效的同时，对进一步从思想、品德、学业、素质、能力等方面如何形成对学生科学、全面、客观的评价，有具体的谋划与安排。而对学生成长发展和综合素质能力的评价也是一个相对复杂的系统，在这一具体工作的谋划中，大致可以从学生参与课外文化与实践活动的过程性评价、学生学业与课外取得各项成效和成绩的结果性评价，以及将过程性与结果性评价进行有机统筹的综合性评价这三方面来进行科学设计。

三、要从“为谁培养人”的高度将学生工作纳入高校人才培养体系当中加以整体谋划

这个问题看起来虽然比较宏大，但也是最明了不过的。习近平总书记强调：“我国是中国共产党领导的社会主义国家，这就决定了我们的教育必须把培养社会主义建设者和接班人作为根本任务，培养一代又一代拥护中国共产党领导和我国社会主义制度、立志为中国特色社会主义事业奋斗终身的有用人才。”具有中国特色的高等教育在“为谁培养人”这个问题上必须坚定不移，各高校在办学过程中也是一以贯之的。然而，在总的原则、目标、要求的规定和指引下，落到具体工作的谋划和人才培养实践当中，在某些环节上，就有可能出现偏移的现象。比

如，在高校学生工作实践中，由于在一定程度上缺乏全局性的视野和宏观的顶层设计，将学生工作仅仅局限于学生的日常教育、管理和引导，虽然大的方向没有问题，但在具体实施过程中，就会把更多的关注点放在学生的学业成绩而不是学生的综合素质能力提升与全面发展方面。也就是说，落到工作实践中，在“道”和“术”，即在思想引导和价值引领与学业成绩和技能技术方面，在“虚功实做”上，就会明显地游离于“道”而偏重于后者。再比如，目前许多高校的年度工作要点当中，极少有将学生工作即如何加强学生的课外培养单独列为要点的，虽然普遍地将思想引导、文化建设、心理健康教育等学生工作的重点任务，纳入立德树人、宣传思想文化工作或安全稳定等模块，但这恰恰反映了高校对于学生工作在“为党育人、为国育才”这个人才培养目标与体系中的地位和作用，还没有引起足够重视及进行深入的研究。

实际上，文化建设、心理健康教育尤其是思想政治教育，是学生工作的基础和重点，但学生工作的内容远不止于此。围绕“培养社会主义建设者和接班人”这一根本任务，要培养德智体美劳全面发展的高素质人才，就必须从“五育并举”的高度来谋划整个学生工作。而其中，除了要着力构建和完善“大思政”及“大思政课”工作格局，以全面提升学生思想政治教育实效以外，还必须从学生课外的成长锻炼和全面发展，来考虑和谋划为学生的课外学习提供什么样的优质资源、为学生的素质提升提供什么样的锻炼平台、为学生的成长发展提供什么样的有效载体、为学生的创新创造提供什么样的展示机会等。而这一层面的规划，以及资源、平台、载体和机会的搭建，只有纳入高校的总体规划或年度工作计划，上升到全校全局工作层面，才能得到全面统筹、条件保障和政策支持，也才能在培养德智体美劳全面发展的高素质人才为旨归的学生工作中得以有效实施。否则，尽管学校层面在立德树人和思想政治教育方面有一个宏观的规划，但如果对促进学生成长发展和综合素质能力提升缺乏具体的计划与举措，落到学生工作实践，就会显得“帽子大身子小”，不仅在日常教育、管理和引导方面，要做什么、如何做，尤其是有什么样的基础、应当采取什么样的措施和搭建什么样的平台，不甚明了、无处着力，而且在加强和改进学生思想政治教育工作实践中，也会由于政策支持、资源支撑、部门协同的不足，处于力量相对分散的状态。

由此而言，只有在学校层面从“为谁培养人”的全局高度，把学生工作纳入整个人才培养体系当中来加以规划，才能具有系统性，使学生工作在高校“为党育人、为国育才”的人才培养实践中发挥应有的作用。当然，在学校层面，不仅要对学生工作体系有一个总体的谋划，在围绕促进学生全面发展和提升学生综合素质能力，对于分阶段、分年度需要推进的重点工作与项目方面也应当有清晰的规划，这样才能真正确保整个学生工作的系统、有效推进。

综上而言，围绕“培养什么人、怎样培养人、为谁培养人”这一根本问题，从宏观规划与统筹、工作目标与任务、实践方法与路径这三个层面，对学生工作进行全局性的谋划，既各有侧重，又相互支撑。“为谁培养人”要解决的是根本任务、目标的问题，“培养什么人”要解决的是学生工作的定位与特点的问题，而“如何培养人”要解决的是实践工作有效推进与创新的问题。实际上，就是要从全局的角度，使学生工作的谋划在根本任务要求、核心目标追求、关键实践诉求上达到有机统一，使高校学生工作开展起来真正有目标、有秩序、有抓手和有资源保障、有实际成效、有创新发展。

第二章

找准症结所在：从观念和实践的角度进行反思

高等教育改革尤其是高校人才培养模式改革，往往受到固有观念的影响与制约。从这些固有的观念与思维来看，尽管经过长期的探索、改革与发展，在理论和实践上也取得许多的进展和成效，但总体上，高校的人才培养仍然停留在应试教育的思维框架之内，重教学轻教育、重智力提升轻能力锻炼、重课堂知识传授轻课外实践指导的局面还没有得到根本改善，这体现在人才培养模式、教育教学方式、学生评价体系等各个层面。由于对课堂培养与课外培养的认知不足、界限模糊，导致学生课外培养工作仅仅局限于学生工作部门而很难上升到整个学校人才培养层面。正是由于存在某些观念偏差，导致学生课外培养只是课堂培养的机械性延续，课外文化与实践活动重知识传播而轻能力训练、重数量而轻质量，并且很大程度上将学生课外培养工作狭隘化并固化在低水平、低效率的事务性工作上。长期的惯性思维与观念偏差，使得高校学生工作显得视野不广、动力不足，不仅其功能与作用难以发挥，而且在实践上积累了学生过程培养和综合素质能力提升的导向难以把控、学生课外实践锻炼缺乏统筹、课外文化与实践活动存在严重的同质化与“空心化”等亟待破解的难题。只有打破固有观念的束缚，突破惯性思维的藩篱，将高校学生工作置于整个人才培养这一大系统中加以考察，从观念和实践的角度来进行反思，才能真正找准问题的症结所在，找到解决问题的有效途径。

第一节　学生工作认知中必须厘清的五对重要关系

要认识和把握事物的全貌，往往从对事物的基本认知开始。而人们对某一事物的认知，又常常容易形成思维定势。一旦对事物的认知在潜意识的观念层面被固化，就很难突破惯性思维，从新的视角来审视事物，以新的思路和方法推进工作。做好新时代条件下高校学生工作，同样需要打破固有的思维与观念，以更加宽广的视野，从高等教育高质量发展和人才培养模式改革这一更高的层面来加以认知和把握，这首先必须厘清五对关系。

一、学生工作与学校工作

从目前对高校学生工作的认知及其实际运行状况来看，学生工作仍然停留于学生工作部门的工作这一相对狭义的理解，而学生工作部门又常常把学生工作定位在学生日常教育与管理这一层面。实际上，从高校担负的功能而言，主要是科学研究、教育教学、人才培养、文化传承与创新、国际交流与合作；从高校的群体组成及其根本任务而言，则更为简单，就是围绕两大群体来开展工作，即一个是教师群体及其发展，一个是学生群体及其发展。高校的根本任务是立德树人，中心任务是人才培养，因而，即使是致力于教师群体及其发展，最终的指向与目的，还在于促进学生的全面发展，培养更多的高素质创新型人才。

从这一角度来审视，应当变革进而牢固树立的一个基本认知与观念则是，学生工作是学校的学生工作，是整个人才培养大体系中的一个重要组成部分，而非某一部门的工作。只有把学生工作置于学校整体工作和人才培养体系当中来加以认知、思考和谋划，坚持以学生为中心、以人才培养为中心，才能真正在制度、机制、资源、力量等各方面得到有效的保障，才能真正实现人才培养各个环节、各项工作的有效贯通，而不至于出现脱节，以致涉及学生需求与发展的工作，在落实方面产生“肠梗阻”。

当然，目前高校学生工作之所以仍然处于某一部门单兵作战、相对游离于人才培养这一中心之外，并非其没有认识到学生工作不是一两个部门的工作。根本的问题还在于，除了观念的偏差以外，许多高校尤其是地方高校，由于办学资源的相对不足，在涉及学生成长与发展的一些系统性、关键性的工作方面，比如围绕“三全育人”综合改革、“五育并举”的推进、“十大育人体系”的构建与完善等需要政策、制度、资源给予支撑的具体工作，很多时候难以上升到学校整体工作层面来加以统筹和重点推进，而只能停留于一两个部门，或者是工作任务分散在不同的部门，自然就会出现“心有余而力不足”的状况，造成工作协同难、推进难、见效难。

二、重点任务与特色工作

在实践工作过程中，往往容易将学生工作重点任务与特色工作，尤其是特色工作与特色活动相混淆，这一现象在校、院（系）两个层面都不同程度地存在，而在二级院（系）层面则更为普遍。

造成这一问题的原因，主要在于两个方面。一方面，从学校层面来看，由于对学生工作的定位不清晰，导致学生工作重点任务与内容也相对不够明晰，至少在职能职责、发展目标、工作体系上还比较模糊，从而导致学生工作只是从“事”的角度，比如思政教育、日常管理等，来进行粗略区分，而并非着重从“人”即学生的成长发展和素质能力提升的角度，来进行全面的统筹与规划。由于缺乏整体架构与体系化的建设，谈起学生工作，大家都知道是做学生教育、管理和服务工作，至于其核心是什么、重点任务是什么，总显得非常庞杂而不甚明了。

另一方面，则是由于从学校层面对整个学生工作的定位、重点、规划不够清晰，造成各二级院（系）在学生工作实践中产生一种各自为政的状态，在上级布置什么任务就完成什么工作的基础上，“八仙过海，各显神通”，结合本院（系）学科、专业特点，各自开展一点“有特色”的活动。正是在这种重点任务相对模糊、体系建设缺乏宏观规划、全校上下一盘棋来开展学生工作的机制还不健全的情况下，对学生工作重点究竟是什么、怎么做，各有各的理解，各有各的章法，也就很容易陷入看起来正常运转，但实际上忙而无序、做而低效的旋涡。这造成的结果，就是“眉毛胡子一把抓”，主责主业与重点任务不清、特色活动与特色工作不分。

实际上，特色工作必须从围绕重点任务在制度、机制、思路、举措以及平台、载体、方法、途径等方面，进行创新性探索与创造性实践发展而来。也就是说，要够得上特色工作，必须在促进学生综合素质能力提升和成长发展的实践方面，形成一个比较成熟、有效的体系或模式，并且能够关联起涉及学生过程培养的教育、管理与服务等各个重要环节，而并非通常意义上的办一个与学科、专业相关的有特色的活动。

三、学业成绩与学工业绩

由于受各种因素的影响，在人们的固有观念中，从小学到大学，评价一个学生优秀与否，一个根本的乃至唯一的标准，就是学习成绩是否拔尖。这一固有观念投射到对高校学生工作的实践认知及其业绩评价当中，就会带来许多模糊的认识甚至是消极的影响。

作为衡量一个学生的学习能力、专业知识基础、专业实践能力的基本标准，学业成绩当然是极其重要的。但大学的学习，不仅仅是知识的积累和专业课程的学习，更包括了在课外的思想提升、品德修养、社会认知、人际交往等各种知识与技能的习得，这些对于学生的综合素质能力的培养，也是极其重要的。而课外的培养恰恰是高校学生工作部门之所以存在的前提，也是高校学生工作的重要职责与使命。

正是由于对大学学习、人才培养和学生评价方面存在某种偏差和模糊认识，在高校业绩评价中，往往出现的一个悖论是，对学生工作业绩的考核，往往偏重于学科专业竞赛获奖、四六级过级率、学生论文发表和承担的项目、考研保研率等这些实际上是学生学业成绩的、易于量化的指标，学生思想品德、素质能力等应当属于衡量学生工作质量的、看起来难以量化的核心指标却被虚化了。与此同时，在人们的一般印象与认知中，类似于学科专业竞赛获奖等学生所获得的成绩，又完全归功于教学，而学生在思想、品德、行为等方面出现问题，则归咎于学生工作没有做好。

跳出以学业成绩来衡量学生工作业绩的窠臼，不单单关系到对学生工作质量和水平如何评价与考核的问题，实际上它所反映的正是对学生工作的正确认知。大学的学习，课内与课外应当是相辅相成、协同配合、齐头并进的，学生工作恰恰承担的是对学生在课外的整个培养与锻炼，而这种培养也不仅仅是日常管理与引导，更重要的还在于优良学风校风的营造、学生综合素质能力的培养和成长发展的指导。只有从这一更宏观的视角来审视和考量学生工作及其业绩，才能在学生的培养上，既使课堂与课外有机协同，又在工作任务、目标与评价方面做到重点聚焦、指向明确、科学合理，也才能在以学风建设、学生成长发展、素质能力提升为核心来构建和完善学生工作体系方面，有更加宏观的视野与更为清晰的思路。

四、优秀学生与“普通学生”

之所以要厘清这一对关系，是因为它从深层次关系到人们对学生工作实践定位的认知，当然，也间接地涉及人们对学生评价的认知及观念转变。

在学生工作实践中，由于以往更多的是把目光聚焦在学生的学业成绩方面，因而，总结出来的、似乎行之有效的一条重要经验与工作方法则是，“抓两头促中间”，尤其是重视培养优秀的学生和发挥优秀学生的示范带动作用。而优秀学生的评判标准又主要侧重于学业成绩是否优异，在不自觉中将抓学生工作、抓学风建设，异化成了只专注于抓到课率、过级率、获奖率、升学率。

在学生工作认知中，必须厘清并正确处理好优秀学生与“普通学生”培养这一对关系，正是因为它牵涉到学生工作实践中要做什么和应当怎么做的问题。坚持立德树人，为实现中华民族伟大复兴培养更多优秀学生，是整个高校所追求的目标和所担负的使命，这是总的原则与要求。而要达成这一目标，则需要高校不同的部门、不同的战线、不同的领域，依据自身所承担的主责主业，各自发挥作用。

具体到高校的学生工作来说，一方面，不仅要促进学生在学业成绩方面优胜，更要引导学生在德智体美劳全面发展方面表现优秀，另一方面，学生工作的“主战场”实际上在学生的课堂学习之外，是一项为所有学生实践锻炼和综合素质能力提升提供平台、机会的打基础的工作。从这个意义上来说，高校的学生工作，是面向所有学生的工作，而不能只盯着优秀的或后进的学生，恰恰相反，更多的时间和精力应当投向学业成绩、能力素质、成长发展等方面相对“普通”的学生，整个学生工作重点任务的聚焦、工作体系的构建以及工作实践，也应当基于所有学生。只有着眼所有学生的成长发展来构建和完善学生工作体系，才能使工作有更加广阔的舞台、更富创造性的活力和更具发展性的实效；也只有面向所有学生来推进实践改革与创新、让所有学生打牢成长发展的基础，才会有更多、更优秀的学生脱颖而出。

五、科学研究与实践发展

长期以来，由于对高校学生工作定位的认知不足，对学生工作在整个人才培养体系中的功能作用认识不够，导致对学生教育、管理及学生工作创新、发展研究的重视程度，还远远跟不上高等教育高质量发展、时代新人培育的步伐和需求。教育行政主管部门每年都会面向人才培养实践领域需要重点研究和解决的突出或前沿问题设立一批研究项目，但落实到高校，却普遍地存在一种观念上的偏差。

在许多人的固有认知中，学生工作就是做学生日常管理和服务的事务性工作，把学生学习与生活方面的事务管理好、确保校园的安全稳定就行了，不需要去报课题项目、搞科学研究。学工战线从事科研工作的人员很难纳入学校的“正规军”，而有关学生工作、学生发展类的科研项目，除了思政研究项目以外，很多时候也很难归入学校科研工作的“正册”，这从根本上仍然是将学生工作窄化所导致的。

事实上，学生工作涉及学生成长发展的方方面面，从宏观的视角而言，有关学生思想、学生特点、学生行为、学生学习、学生锻炼、学生成长、学生健康、学生发展等各个领域的现状及其发展变化的趋势、实践经验的探索、方法途径的创新，都需要不断地持续跟踪关注并进行深入研究，才能真正在“培养什么人”和“如何培养人”这个根本问题上，摸得清底数、认得清形势、找得准对策。而从实践工作的开展而言，不带着问题去思考和工作，不勤于并善于对工作经验适时地进行总结和提炼，就很难把握得准学生工作中一些带普遍性的问题和带规律性的方法，难以使工作打得开局面，只能围绕事务性工作打转，进行重复性、低水平和低效率的劳动，更难以探索并推动工作的创新性发展，提高工作的质量与水平。

第二节　学生工作实践中需要避免的三个观念偏差

学生工作一旦面向所有学生进入实践层面，就会对学生的知、情、行、意、德产生直接的影响。这种影响的实际效果大小、是管长远的还是短期的、是正向抑或负向的，很大程度上取决于学生工作的目标、任务、方法、途径以及情境、时机，而其中，工作思路和实践观念尤其重要。在厘清学生工作中的几个关系、把握好系统谋划和推动工作的几个关键问题的基础上，要在促进学生成长发展和综合素质能力全面提升的实践工作中取得好的成效，还需要厘清并有效避免可能出现的三个方面的观念偏差。

一、认为学生工作的目标任务就是帮助学生抓好专业学习

在高校学生工作实践中，尤其是在相当一部分一线学生工作者的观念当中，加强学风建设，是学生工作的一项重要任务，而抓学风建设，引导学生养成良好的学习习惯，就是要抓专业课程学习的到课率、课堂学习纪律和学生的专业成绩。这其实是对学生工作、学风建设在认识上的偏差、实践上的偏向。虽然从人才培养的角度来看，学习是学生的天职，帮助学生抓好学习特别是专业学习，是学生工作职责的一部分，但从职能职责而言，这只是其中很小的一部分。

一方面，对于学生的专业课程学习，课堂是专任教师的。学生对课堂教学内容感不感兴趣、愿不愿意进课堂并认真听课，也就是通常意义上所说的到课率、抬头率的高低，在根本上跟专任教师的教育态度、教授内容、教学方法密切相关，课堂教学有没有吸引力、课堂纪律好与

坏，其实是由任课老师来掌控的。如果在学生工作实践中，把学风建设仅仅看成抓到课率、抬头率，机械地去把学生“赶”进课堂，反复地到课堂去检查学生纪律，就会有越俎代庖之嫌，也会造成两个大的对立和矛盾：一个是干扰专任教师正常的教学秩序，让教师对学生工作产生误解和反感，也就更难让他们积极参与到学生工作中来；一个则是容易让学生与一线的学生工作者形成对立情绪，影响到相互的信任关系，自然也会给开展其他学生工作造成一定的困难。

另一方面，毫无疑问，人们对于学风主要是着重于学校的、学术界的或学习方面的风气这一理解和把握是非常明了的。正因为学风所体现的是一所高校的传统、精神与风格，其所具有的内涵与外延是非常广的。具体到学生工作来说，抓学风建设，就不能只局限于学生的专业学习，它还包括各类知识的学习、技能技术的习得、品德素质的涵养等。而且，即使是从广义的学风来抓学风建设，除了要从具体学习习惯的养成、终身学习的理念等方面着力以外，更重要的，还在于通过必要的手段、方法、平台、载体，对学生主动的求知精神、正确的思维方式、科学的思想方法加强引导和培育。这需要从更广阔的层面来把握高校学风建设的内涵、谋划营造良好学风的方法与路径。

诚然，加强学风建设，帮助和指导学生不断提升包括专业学习在内的学习能力，是学生工作的重要组成部分和重点任务之一。但在学生工作实践中，与学风建设紧密相关，或者说与之相辅相成的两大重点任务，依然显得更为重要，这就是从全面提升学生综合素质能力的视角，加强对学生的成长指导和帮助绝大部分学生形成一个相对清晰的发展规划。

就学生工作实践而言，学风建设、成长指导、发展规划，三者缺一不可，只有从更宽广的意义和更宏观的视角来思考、谋划学生工作的内容及其实践路径，才能真正在提升学生工作水平、培育时代新人的实践中有所作为、取得实效。所以，从事学生工作的一线工作者一定要牢记的是，在工作态度、作风特别是理念方面，强调“一切为了学生”，并不完全等同于“一切为了学生的学习”，更不能窄化为“一切为了学生的专业学习”。

二、认为学生工作是一项“创新难、难创新”的工作

任何一项工作，都有其内在规律，也会随着时间和条件的变化而面临新的挑战与机遇、产生新的变化与发展。要推动工作的创造性发展，既要遵循其规律，更要能够打破思维惯性，洞察其内涵和外延的变化，依据新的发展任务和要求，适时把握其发展趋势，顺势而为、积极作为。而其中，理念的更新、观念的变革极为重要，推进新时代条件下高校的学生工作也是如此。

在以往的普遍观念中，做好学生工作，就是抓好学生思想引导、日常管理、学业发展等事务性的工作，更多的时候主要还是围绕着学生的学业成绩在打转，即使开展一些课外文化和实践活动，以合规律、合目的来加强整体的统筹和规划显得极为不够。所谓学生工作实践上的创新，依然还只是停留在某一项活动的内容或形式上，与推动工作实践的整体规划、机制完善特别是系统效能提升，实际上并无太大的关联性。因而，无论是从学生工作的创新性发展来看，还是从学生成长发展与综合素质能力提升来看，即使学工战线下大力气，似乎也功用不大、收效甚微，这可能是导致大家普遍认为学生工作“创新难、难创新”的症结所在。

推进学生工作，如果只把注意力集中在日常事务管理、学生学业成绩上，就会导致“只见事而不见人”，把学生工作当中“学生”这个主体给忽略掉了。同样地，即使是从某种程度上，关注学生日常、关注学生学业，确实也是在做围绕学生、关照学生、服务学生的工作，但也只

是关注了学生当中的某部分群体，或者是学生成长发展的某一个方面。这种认知的、观念上的偏差，最终的结果，就如目前许多高校的学生工作部门和一线学生工作者通常所做的，往往只盯着几个漂亮的数据、一部分优秀的或后进的学生，甚至在实践工作中往往还会形成一种错觉，即学生工作就是要造就更多学业优秀的、拔尖的人才，重智力轻能力、重整体轻个体、重工作整齐划一地推进而忽视不同特点学生的个性化发展需求。学生工作实际上是要在促进所有学生素质能力提升、教育引导所有学生成长发展的基础上，来培育和造就更多的优秀学生。而这种只关注某项日常事务或某个活动、某一个群体的工作实践上的观念偏差，恰恰只专注于“学业优秀学生”而把“面向所有学生”这个学生工作最重要的基础给丢掉了。

因而，之所以认为学生工作“创新难”，归根结底，还在于对学生工作的系统性、整体性认识不够，还未能从人才培养这个大的体系来认知、把握并整体规划学生工作，观念的固化往往容易造成实践工作上的思维僵化。而对学生工作缺乏系统性的认识、整体性的设计，实践工作自然也就画地为牢，跳不出框框，打不开局面，也难以有所创新。

三、认为学生课外实践活动“只要勤播种，总会有收获”

“春种一粒粟，秋收万颗子”，这种辛勤耕耘之后所带来的丰收喜悦，应当是每一个教育工作者最希望看到的结果。然而，作为高校学生工作战线和一线学生工作者，无论双休日或节假日，无论寒暑或是早晚，工作上勤勤恳恳、忙忙碌碌，甚至是小心谨慎、提心吊胆，在做好日常工作的基础上，积极举办或组织学生参与各式各样的课外文化与实践活动，很多时候却很难体会到这种丰收的获得感、成就感。一年下来，往往在回顾和总结的时候，剔除学生学业成绩的优秀率、过级率、学科竞赛获奖率、考研升学率等可量化的、有显示度的“成绩单”之后——因为这些偏重于专业学习的漂亮数据，在人们的普遍认识中，也在实际上更多地应当归功于课堂教学和专任教师的指导——可圈可点之处似乎寥寥无几。

在学生工作实践中，积极组织学生参与或开展课外文化与实践活动，耕耘与收获为何难以成正比而失效呢？俗话说，得其法者事半功倍，不得其法者事倍功半。在高校人才培养实践中，这个“法”不仅是指工作方法，更重要的还在于思路方法。而作为高校人才培养中重要一环的学生工作实践，其“播种”与“收获”正是如此，“播种什么”固然非常重要，但首先要看想要“收获什么”以及“如何播种”。倘若从一开始连想要“收获什么”，即工作的目标、任务、靶向都不清晰，工作起来自然是盲人摸象，很容易南辕北辙。

实际上，高校的学生课外文化与实践活动，并非越多越好、越丰富越有效果。相反，许多同质化、低层次、浅表化和缺乏吸引力的活动，不仅会占据学生大量的时间和精力，对培养学生的素质能力作用不大，而且很可能会成为学生眼中“食之无味、弃之可惜”的鸡肋并产生负向作用——虽然对活动并不感兴趣，但出于推优入党和评先评优需要等功利化目的而被动地参与。因而，对于学生工作实践特别是学生课外实践锻炼来说，只要勤播种，总会有收获，只有在以德智体美劳“五育并举”为旨归、以促进学生全面发展为目标，对课外文化与实践活动进行全面统筹和科学规划，有目的、有计划地去组织开展的情形下，勤于并善于在某项活动的内容、形式上进行探索与创新，不断增强针对性与吸引力，才能真正有效和有收获。

第三节　学生工作运行中普遍存在的三种基本状态

学生工作在实践中的运行状态，既取决于高校对于这一工作的认知与定位，又在很大程度上决定其是否有序和高效，从而对于人才培养的质量产生根本性的影响。从高校的核心功能而言，立德树人是根本任务，这无疑已经达成了高度一致的基本认知。然而，由于各种因素的影响，如何立德树人，落到实践当中，却存在较大的差别。

就高校工作整体运行来看，主要是围绕教学、科研、人才培养、文化传承与创新、国际交流与合作这五大功能，来推动学校的改革、建设与发展。而以往人们关注得比较多的，是教学与科研这一对矛盾。对于高校特别是地方高校而言，由于办学资源仍然处于相对紧张的状况，教学与科研往往难以得到有效的平衡。教育行政部门、社会各界对高校学科与专业实力、办学质量与水平的评价，很多时候还偏重于重大科研项目和成果的指标。由此，在高校整个工作的运行系统中，对于高层次人才的引进、高端实验设备的配置、科研项目申报与成果产出的组织等方面的投入，势必会占据较大份额的资源，导致教学与科研难以避免地出现结构性的矛盾。

从高校发展的宏观视角，教学与科研这一对矛盾需要妥善地加以解决。然而，从促进学生全面发展的高素质人才培养来看，实际上其中还隐含着一对关键性的矛盾，这就是专业课程教学与实践能力培养，或者说是课内与课外的矛盾。以往高校更多的是从深化教学改革、加强教学督导与质量监控、完善教师荣誉体系等方面着手，力图完善相应的激励与约束机制，以解决教学与科研不平衡的矛盾。换言之，实践过程中，高校多将人才培养过于狭隘地理解以致局限在课堂教学和学生的学业成绩上，而大学课堂学习之外这一大量的时间与空间的规划，却被相对忽视了。

大学专业课程的学习、专业能力的培养固然极为重要，但是，无论是学校立德树人，还是学生全面发展，思想教育在课外，价值引导在课外，人际交往在课外，职业规划在课外，实践能力的提升在课外，创新精神的培养实际上也在课外。因而，对大学生大量课外时间与空间进行科学、系统的规划和利用，确保学生在抓好专业课程学习的基础上，在德智体美劳各方面得到全面的锻炼与发展，同样是极为重要的一环。

与课堂教学设计相辅相成、密切关联，对学生课外时间与空间进行科学规划和设计并有效地组织实施，正是学生工作的核心任务和内在要求，也是学生工作得以有效运行的基础和前提。然而，或是由于思想认知的局限，或是由于资源相对不足，或是由于学生工作事务过于庞杂、处于一种“剪不断、理还乱”的状况，就目前来看，高校学生工作在实际运行中，普遍呈现出以下三种基本状态。

一、抱残守缺型，即保持日常运行和基本稳定

学生工作点多、面广、线长，除了课堂教学以外，与学生有关的事项，似乎都能跟学生工作挂起钩来，都是学工部门和学工战线的事情。归结起来，可以用两个字概括：一个是“杂”，思想引导、日常管理、奖助贷补、心理教育、文化建设、实践活动、安全稳定等，可以说是无所不包；另一个是“散”，与学生有关的事项多、任务多、活动多，学校各个部门之间、学工部门与二级院（系）之间，又往往难以形成有效的协同。工作上“杂”，就会让学工战线尤其是一线辅导员忙于日常事务，难以有更多时间与学生面对面交流做深入的思想工作；工作一

“散”，就会造成工作合力不够，矛盾更多地集中在学工线。因而，从普遍状态而言，学生工作是“见事不见人”，忙于日常事务，忙于各种突发情况的处置，忙于组织学生参与各项活动，无暇他顾。无论从学生工作实践来看，还是在学校师生和其他部门的印象当中，学生工作就是一个“保底线”的工作，就是完成日常事务、维持日常运行，确保“不出事”和基本稳定。

二、小富即安型，即在抓好日常工作的基础上有选择地开展活动

抱残守缺、故步自封，学生工作内部有什么事项就布置什么工作任务，其他部门涉及需要学生参与的工作，就抓好学生的组织，出现什么矛盾和问题，就做一个“救火队员”进行处置，这种按部就班来完成工作任务的状况，实际上是因为对于学生工作缺乏系统性的认知与规划，从整体来看，还是一种极少存在的工作状态。而比较多的，就是对于学生工作内部事务相对比较明晰，对日常事务管理、评先推优、资助帮扶等各项工作，能够比较主动地提前谋划和加以推进。同时，在抓好日常工作的基础上，能够就部门内部的某一项工作，比如思想政治教育、心理健康教育、国防与爱国主义教育等，有意识地组织举办一些特色活动。但是，就这些活动的效果来看，仍然处于“到什么山唱什么歌”的状态。从德智体美劳“五育并举”和促进学生综合素质能力全面发展的视角来审视，系统性、关联性和可持续性还比较欠缺，就有可能挂一漏万，也可能只是“一俊遮百丑”。这种“小富即安”的存在状态，从总体上来看，能够在有序推进学生工作各项事务的基础上，还有一些“出彩”的亮点，自然会比单纯按部就班地完成任务的工作状态，显得优胜一筹。

三、开拓受限型，即力图推进学生管理改革与创新，但受各种因素的制约难以有根本性的进展

在高校学生工作战线，也有许多的先行者及开拓性的实践，但学生教育管理改革，实际上涉及整个人才培养观念和体系的变革以及学校办学资源的重组与重新配置，这单靠从事学生工作的一两个业务部门是难以推进和完成的。比如，有些高校推进“第二课堂”建设，推行“第二课堂成绩单”，就是试图将课外文化和实践活动统筹起来，更好地引导学生通过课外实践锻炼来全面提升能力与素质。但在实际运行当中，由于“第二课堂成绩单”的基本体系极为复杂，实现起来具有很大的难度。同时，要让“第二课堂成绩单”真正同第一课堂即专业课程成绩单具有同等的约束力，使学生觉得参与“第二课堂”实践不是可有可无而是必须参与，一个有效方式，就是设立一定的“第二课堂”必修学分，这从现有的人才培养观念、机制、模式方面又很难突破。因而，许多高校的“第二课堂”及其成绩单，最终充其量也只是作为衡量学生综合素质能力及其优胜与否的一个“参考”。再如，一些高校也试图学习浙江大学等高校推行“书院制”。“书院制”改革的确更重视学生的通识教育、能力培养与个性发展，然而这更是涉及学校的招生、教学和整个人才培养模式的全面改革，一般的高校一时恐怕还难以实现这种改革。

综观以上目前高校学生工作运行中的三种基本状态可知，高校学生工作之所以难有一个突破性、创新性的发展，正是由于受观念的、机制的、资源的多重综合性因素相互叠加的制约。而其中，高校的办学观念、人才培养观念相对滞后，重教学轻教育、重智力提升轻能力锻炼、重课堂知识传授轻课外实践指导等则是最主要的影响因素。学生的课外实践锻炼与能力培养被相对忽视，甚至被严重地边缘化了，以致原本应

当充分利用并发挥作用来共同支撑人才培养、促进学生全面发展的学生课外教育、管理和服务工作被大大窄化了。学生工作被狭隘地固化在学生日常管理和处理事务性工作的逼仄空间里，学工战线也经常处于一种“单兵作战”的状态，相对游离于人才培养这个中心之外，除了主动或被动地完成事务性的工作任务以外，要想有创新性的发展，往往举步维艰。

第四节　学生工作发展中亟待破解的六大关键问题

习近平总书记特别强调，领导干部要不断提高战略思维能力，不断增强工作的原则性、系统性、预见性、创造性。做好新时代条件下高校学生工作，战略思维、系统思维尤其重要。如果只局限于一域一事，学生工作就很难跳出忙于事务性工作的窠臼，就很可能是劳而无功、忙而无效。只有把学生工作置于高校整体发展，特别是将其纳入高素质人才培养的大系统中来加以考量和规划，才能有更加开阔的视野，也才会有更加精准的靶向和更为切实的成效。基于整个学生工作体系的构建与完善，来推动学生工作的进一步发展与创新，首先必须深入思考和探讨制约学生工作质量提升及其发展的、六大紧密联系并亟待系统性加以解决的关键问题。

一、如何把牢学生过程培养和综合素质能力提升的导向

这一问题看起来很抽象，因为大道理是不言自明的，高校坚持立德树人，培育堪当民族复兴大任的时代新人，不就是要培养思想政治过硬、道德品质高尚、具有较强的实践能力和创造精神的高素质创新型人才吗？然而，要将这一人才培养目标和任务，真正落实到实践工作领域，就会遇到诸多的困难和问题。比如，在学生工作中，以什么样的机制、平台、资源、手段和途径，才能主动把握人才培养的这一目标和导向，真正把思想、价值、心理、行为、能力等方面的教育、引导和培育，落到实践当中去并贯穿于过程培养？换言之，提升学生综合素质能力、促进学生全面发展，在目标和任务明晰的前提下，应以什么样的手

段和方式以确保这一目标的达成？在学生日常工作中，似乎都在开展相应的活动、推进相关的工作，但实际上，围绕培养学生什么样的品质、素质和气质，资源和力量往往是相对分散的，实际运行起来，就会显得抓手不够、无处着力。想要培养学生哪方面的能力素质，就应当完善哪方面的机制、提供一定的平台、投入相应的资源和开展有针对性的活动，但就现实而言，往往难以从源头上来主动地加以规划、把控并有计划地全面实施。

二、如何统筹学生课外实践锻炼以促进学生的全面发展

与强化过程培养和综合素质能力提升培养导向紧密相关的，则是统筹并确保学生在课外得到全面、有效的实践锻炼。“纸上得来终觉浅，绝知此事要躬行。”只有让学生积极主动地参与到某项活动中来，他们才能获得某方面的知识，得到某方面的能力锻炼。坚持“五育并举”，促进学生德智体美劳全面发展，是学生工作的出发点和落脚点。但从实际情况来看，一方面，由于学生课外大量的时间和空间缺乏整体规划和统筹，“五育”工作是极不平衡的。虽然各方面都做了相应的工作，但普遍而言，美育和劳动教育是相对滞后的，在课外文化活动与实践锻炼中，文体活动占据了极大比重；另一方面，就学生参与而言，组织和参与课外文化活动与实践锻炼的，往往是一小部分比较活跃的学生，总体上，要让全体学生都能主动地参与到课外实践锻炼中来，还缺乏一种有效的激励或刚性的约束机制。这造成的一个突出现象是，活跃的永远只是极少数学生，而相当一部分学生仍然不愿意放下手机和电脑，不愿意走出教室或寝室，积极参与到课外实践锻炼中来，这很大程度上制约了学生的全面发展和综合素质的整体提升。

三、如何避免课外文化与实践活动的同质化与“空心化”

在现有的高校课外文化实践活动中，不仅存在文体活动偏多，还存在一直难以解决的两个关键性问题：一个是同质化现象严重。比如，从学校到各二级院（系），每年围绕新生入学和学生毕业，都会举办迎新晚会和毕业晚会；又比如，学校各个部门根据自身的工作职责和任务，都组织举办类似的征文比赛、演讲比赛、网络作品大赛等；再如，组织、宣传、学工、团委等各条战线，可能就同一个主题内容，由于标准、要求、形式有所区别，而各自开展不同的教育与实践活动；等等。另一个则是“空心化”现象泛滥。课外文化与实践活动过多且同质化严重，加上激励学生参与活动的有效机制相对缺乏，学生参与活动的积极性与动力不足。在这一状况下，组织学生参加活动的任务落到院（系），对于一些质量不是很高、吸引力不够、针对性不强的活动，学生不一定愿意参与。因而，二级院（系）大多采取一个普遍而简易的做法，就是按学号来安排学生，致使一些对活动感兴趣的学生无法参与，而被安排参加活动的学生则不一定感兴趣，从而使花费了大量人力物力组织的活动，在实际效果上大打折扣。

四、如何实现对学生成长发展精准有效的指导

围绕学生的学业发展、实践锻炼、成长指导，各高校、院（系）和相关职能部门，都做了大量的工作。但由于从整体上还缺乏系统规划和囿于事务性的工作，让老师们尤其是学生工作一线的辅导员、班主任，真正把更多的时间和精力用于深入到学生当中进行面对面的交流，全方位地了解每位学生的思想状况、兴趣爱好、优势特长、发展目标等比较细致的情况，还远未能做到。如果不能对每位学生的状况进行全面了解、及时跟踪，那么，对学生成长与发展实施精准、有效的指导，就

只能是一句空谈。但现实的状况是，高校的学生工作仍然还处在基于部门的职能职责、围着事务性工作打转的阶段，奖助贷补、评先推优、文明创建等，依然只是面向所有学生的、面上的工作，很难深入地落实到某个群体乃至学生个体，仍然还是“悬在半空”的状态。从学校到院（系），再到一线的辅导员、班主任，可能对于优秀的和后进的这“两头”的学生了解相对较多，在实践工作中只能采取“抓两头促中间”的方式来推进学生工作。实际上，老师们了解的、处于“两头”的学生，所占的比例往往是相对较小的，而处于中间层次的70%甚至80%的学生，就一线学生工作者对这部分学生具体情况的熟悉程度而言，则是一个相对模糊的群体，也是一个更需要进一步完善日常教育管理机制并花大力气、下大功夫给予关注和精准指导的群体。

五、如何形成对学生综合素质能力科学客观的评价

在深化教育评价改革中，不断完善评价指标体系，以形成对学生科学、客观、全面的评价并强化人才培养目标导向，既是一个重点，也是一个难点。就整体而言，对学生的评价，主要由两大部分组成，一个是学生的学习能力、学业发展和专业水平，另一个则是学生的综合素质能力。前者有学生的学业成绩、学科竞赛、科研项目、论文成果等客观数据作支撑，设立有效的评价指标进行评价，相对来说要容易一些。而后者即关于学生综合素质能力的评价，则要复杂得多。由于综合素质能力评价，涉及推优入党、评先评优、考研保研、就业创业等学生发展的关键性环节，作为统筹学生日常教育管理和课外实践指导的主要业务归口部门，高校的学生工作部门一般都制定了学生综合测评的指导性意见，对学生综合素质评价重点内容、核心指标、评价方式等进行原则性的规定。但在实践操作过程中，遇到的一个难点则在于，可量化的结果型指标如评优获奖等，有相关的获奖等级、客观数据支撑，相对容易确定。

而对于难以量化的过程型指标，即学生参与了实践锻炼但没有相应的成效记录，比如学生参加某项演讲比赛或征文大赛却没有获奖等，由于缺乏科学的评价机制与手段，往往难以纳入对学生综合素质能力的有效评价中来。这造成的一个问题是，对学生的评价仅仅依据过级、考证、获奖等结果型的数据信息来实施，而这些可量化的数据信息又往往侧重于学业方面，对于过程参与和过程锻炼的有效性评价则被全然忽略了，在很大程度上影响到对学生评价的全面性、科学性，反过来也影响到学生过程培养的有效性。

六、如何全面提升学生日常教育、管理和服务效能

学生管理工作创新，不只是就学生日常事务性工作来抓学生管理及其改革，从更深层次和更广泛的意义而言，它实际上体现的是高校的整体管理水平和治理能力。然而，就现状而言，将创新学生管理作为提升高校治理能力与水平的一个重要组成部分，还没有能够引起足够的重视。无论是从学生工作的系统性构建，还是从推进教育数字化、信息化建设的角度，加大对学生教育、管理和服务的信息化建设的投入，仍然存在较大的差距，这导致高校学生工作普遍地处于满足于事务性工作任务的完成和低水平的重复劳动的状况。比如，家庭经济困难学生的认定、奖助学金的评选等涉及学生面广、数据信息庞杂且不能出现错漏的事务，就会耗费一线学生工作者大量的时间和精力。单就奖助学金的评选来说，一所具有一定规模的高校，国家的、学校或校友设立的、社会捐助或资助的奖助学金，每年多达 20—30 项。而每一项奖助学金的评选，其基本的模式与程序是自下而上，先由学生个人填表申报、班级推选，到学院审核和推荐，再由学校审定，光这一项工作每年就要重复 20—30 次。类似于这样的学生日常事务还有许多，这不仅严重影响到学生日常教育、管理和服务工作的效能，而且往往结果只能是学生工作

者疲于应付、“见事不见人”，学工一线的辅导员、班主任忙于这些重复性的工作，就很难有更多的时间与学生面对面地交流，并及时跟踪每位学生的学业发展和成长动态，结合学生的个性发展与需求来给予其精准指导。大部分的学生在课堂学习之外，实际上处于一种“野蛮生长”的状态。

第三章

加强顶层设计：以更宽广的视域抓好总体规划

高校落实立德树人这一根本任务，说到底，就是要按照习近平总书记提出的“九个坚持”来巩固教育强国战略地位，就是要贯彻“四个坚持不懈”来办学治校，就是要教育引导学生做到“四个正确认识”来培育时代新人，着力培养有坚定信仰、牢固信念和强大信心的青年马克思主义者，培养有家国情怀、人民情怀和人文情怀的优秀民族文化与精神的传承者，培养有健全人格、强健体魄和理想追求的新时代奋进者，培养有科学思维、创造能力和国际视野的未来建设者。而要达成这一目标，从高校人才培养而言，单靠倚重课堂专业知识与能力传授，很难适应经济社会和科学技术发展对于高素质人才的要求；从学生的学习而言，单纯着眼于本专业知识与技能的学习，也很难适应科技创新引领发展这一大趋势下，对于多学科和专业知识掌握、多层面技能素养积累的复合型人才的能力需求。

培养德智体美劳全面发展的高素质创新型人才，必然要求真正把教育与教学、课堂与课外、知识与能力有机统一起来，以更加宽广的视野，围绕“五育并举”，加快构建和完善高校学生课外培养体系，明晰课外培养的目标理念、重点任务及其方法路径。基于高校学生工作的理论思考与实践探索，这一课外培养体系大致可以按照“11362”的总体思路来加以谋划和构建：围绕一个核心目标，即全面提升学生综合素质能力、促进学生德智体美劳全面发展；贯彻一个基本理念，即以德立人、以文化人、以情感人、以己成人；完善三大工作格局，即教育引导工作格局、日常管理工作格局、成长服务工作格局；聚焦六项重点任务，即思想政治教育、日常管理服务、学工队伍建设、心理健康教育、课外文化实践、校园安全稳定；实现两个全面提升，即全面提升学生综合素质能力、全面提升服务学生成长发展水平。

第一节　围绕“一个核心目标”　笃定发展方向

在高校，不管是学生工作，还是其他方面的工作，最终的目标都是培养人。而高校学生工作涉及在学生大量的课外时间与空间里，如何引导学生对其进行合理安排、如何组织学生加强课外锻炼、如何指导学生成长发展，这直接关系到人才培养的质量。有些工作如果单纯从管理的、职能职责的角度来考虑，由于机制、资源乃至思维视野等方面受限，不主动地探索、改革与推进，也可能只是耽误某项工作，或者只是拖延一段时间、推迟一两年实施。然而，跳出某项工作任务或某个部门的职能，从人才培养这一更宽广、更根本、更长远的视角来考察，就会发现，耽误的不仅仅是一两项工作任务，或者推迟一两年工作落实的问题，它可能会影响到一届或两届甚至更多学生的成长锻炼与长远发展。

正如目前许多高校学生工作实践正经历的一样，无论是学生的思想引导、日常管理、成长指导，还是各项服务工作，如果缺乏一个核心目标作为旨归和导引，就会显得极为庞杂、散乱。各项工作似乎都在按照自身的计划运转和推动，但各个层面、各个环节朝着哪个目标和方向去协同、统筹和凝聚合力，则是不甚明晰的。一线学生工作者都在忙于各种事务，然而，对于为什么要做某项工作或开展某项活动，从完成工作任务本身可能明了其基础目的，但从终极目标与意义上，却谁都难以说得清楚。

高校学生工作改革，实际上是基于整个人才培养改革的一项重点任务，或者说是一个重要组成部分。一些高校如浙江大学，还有一些高校的二级院（系）如清华大学的新闻学院，将学生工作纳入整个人才培养改革的大系统中，推行“书院制”，打破了传统的学校与二级（系）及二级（系）之间、教学工作与学生工作之间、专业课程教学与素质教育之间的界限和壁垒，真正面向所有学生的全面发展，将专业能力培养与学生综合素质能力提升的各环节有效贯通起来，既增强人才培养的系统性、学生专业学习和课外锻炼的自主性与选择性，又有效协同各方面的资源，共同服务于培养和造就堪当民族复兴大任的时代新人这一中心任务。

推行“书院制”，在根本上是要求将人才培养模式改革作为一个整体，从学生的专业选择、课程学习、学分积累，到二级院（系）和班级的管理、课外文化与实践活动的组织及学生的参与方式等各个方面来加以重新架构，涉及对原有的制度改革、机制创新以及资源的重新配置。这对于一般高校尤其是地方高校而言，由于目前办学资源相对有限，在人才培养上还难以做到这种一步到位的根本性变革。

然而，无论是从培养德智体美劳全面发展的社会主义建设者和接班人这一根本任务，还是从信息技术变革带来的教育信息化、数字化发展对教育改革的深刻影响，从而对高校人才培养模式改革提出的迫切要求及其宏观趋势来看，坚持以学生为中心，以促进学生成长发展和综合素质能力提升为核心目标，来深化高校学生工作改革、谋划并构建和完善学生工作体系，也就成了一个必然的趋势。换言之，着眼于高校立德树人这一根本任务，高校的学生工作，无论是从其现实实践，还是担当的职责使命来说，其核心的目标，就不应当只是比较模糊和笼统的学生教育、管理与服务工作，而应当有其更深层次的内涵和更高层次的追求，即围绕促进学生成长发展和综合素质能力全面提升，科学合理地做好学生课外时间和空间的规划，充分协调并发挥各方面优质育人资源的作用，共同培育堪当民族复兴大任的时代新人。

高校学生工作的这一核心目标，与人们通常认知意义上的学生工作就是学生教育、管理和服务工作，具有明显的差别，因为这一核心目标着眼的是“学生”这一主体及其全面发展，而通常意义上对于学生工作的认知，着眼的则是“学生事务”，即职责任务。不过，两者从目标与行动来看，并不相悖。相反，这一核心目标是将学生工作置于更宏观的视角、更核心的任务中来加以认知与把握的。跳出事务性工作的具体任务，从人才培养的宏观视角来找准学生工作的目标定位，恰恰是抓好学生教育、管理、引导与服务工作，在观念和方向上的根本指引。

第二节　贯彻“一个基本理念”　明晰价值坐标

明确核心目标，更新工作理念，是高校学生工作摆脱目前普遍存在的被事务性工作所遮蔽的、处于混沌状态的必然要求与选择，而将高校学生工作的核心目标定位在促进学生成长发展和全面提升学生综合素质能力上，既是由高校人才培养内在功能结构及其运行方式所决定的，也是作为高校学生工作在价值和理念上的本位回归。而基于学生工作的核心目标定位，在理念的转变上要求既要超越学生工作就是学生教育、管理和服务工作的狭隘观念，也要超越学生工作就是学生工作部门或一线学生工作者的工作的传统组织与运行模式。

当然，在高校人才培养大的体系结构中，由于各部门、各单位所承担的主要职能职责有所不同，各自的工作重点及着眼点和着力点也就相应地有所差异。高校学生工作的着力点和发挥的舞台在课堂教学之外，就是在督促学生抓好课堂学习和学业成绩的基础上，尽可能地促进每一位学生的成长发展和综合素质能力提升。从这个意义上而言，学生工作围绕其核心目标，应当有其符合自身工作特点与规律的观念原则，或者说是普遍意义上的工作理念。

高校学生工作说到底是做人的工作，是与学生联系最为直接和密切，也是对学生的影响更为广泛和深远的工作。在围绕学生、关照学生、服务学生这一总的指导思想和原则下，高校学生工作必须进一步明确其基本理念并把握四个方面的内涵：以德立人、以文化人、以情感人、以己成人。

一、以德立人是育人的根本要求

育人先育德。培养政治过硬、品德高尚的高素质创新型人才，是高校人才培养的根本前提和内在要求。从这一根本要求出发，不断加强大学生思想政治教育，培育并引导学生切实践行社会主义核心价值观，是高校学生工作的重点任务和基础性工作，也是所有工作的根本出发点和落脚点。在学生工作实践中，坚持以德立人，在谋划和推动工作上，要紧扣主题主线，坚持把马克思主义基本理论、习近平新时代中国特色社会主义思想、党和国家重大战略决策与部署，有机融入思想理论教育和课外文化与实践活动的策划、组织中去；要建立和完善思想政治教育工作体系，着眼“大思政”和“大思政课”工作格局的构建，从线上和线下、校内与校外、内容和形式等多个层面着力，形成工作合力，提高教育引导实效；要紧贴学生实际，深入一线了解和掌握学生所思所想及其发展变化，拓宽沟通与表达渠道，在日常管理、交流中加强引导，防止说大话、空对空；要把解决思想问题和解决实际问题有机结合起来，根据新时代学生的思想、行为及成长特点，把基本的思想涵养、道德礼仪作为教育引导的一个重点，培养学生正确的义利观、是非观、择业观、消费观、审美观、劳动观、爱情观等，着力造就有信仰有灵魂、有德行有情怀的时代新人。

二、以文化人是实践的基本路径

文化是一个涉及面非常广泛且内涵非常丰富、形式极具多样性的概念，因而，学生工作实践中的文化育人，并非人们固有观念中纯粹地开展某些文化活动，它实际上涵盖了育人实践的方方面面。高校的学生工作，无论是思想引导、日常管理，还是成长指导，都不可忽视和脱离的一种最核心的力量，就是文化的感染力、浸润力和凝聚力、引导力。因而，加强和改进高校学生工作，必须注重以中华优秀传统文化、革命文化和社会主义先进文化，乃至世界各民族的优秀文化，来陶冶学生、化育学生、提升学生，并将之作为实施日常管理、开展各类活动的一个有效结合点和基本路径。同样地，坚持以文化人，首先要结合民族精神、时代精神、创新精神的培育，并根据高校的办学传统、文化传统、育人传统，紧贴青年学生实际，来构建和完善文化育人或者通俗地说是校园文化建设体系。当然，在坚守文化内核及其时代特征与丰富发展的基础上，对于这一文化育人体系的建设，各高校可以有不同的架构。比如，湘潭大学结合自身的办学历史与红色文化传统，构建并推动实施了以思想文化、红色文化、青年文化、成长文化、专业文化、学术文化、艺术文化和体育文化等八大文化为主体的校园文化体系。其次，从宏观视角的学生工作理念而言，校园文化体系的构建与推动实施，实际上是涉及高校的多部门、多单位的。也就是说，无论是六大文化、八大文化还是更多细分单元的文化构建起来的校园文化建设体系，在以文化人的实践中，某一个主体文化，比如红色文化的建设与推进、学生红色文化与红色基因的传承，必须由一个在资源、力量、平台等各方面都有着突出优势的单位来牵头推进，而并非狭义理解上的所有文化建设和以文化人的任务，都由学生工作部门或校团委等一两个单位来完成。

三、以情感人是工作的有效方法

学生工作是做人的工作，并且，高校的学生工作，面对的是知识层次相对较高、理性认知和思辨能力相对较强、个性特点和自我意识比较鲜明、思维视野比较开阔和思想较为活跃的青年群体，加上高校的教学组织方式、学习方式以及人才培养目标，与中小学有着明显的区别，学生生活、学习与活动的选择性更多、自主性更强，自我意识也处于全面觉醒的阶段。面对这样一个有着鲜明特点的群体，高校的学生工作，无论是事务性的管理，还是与学生的个别谈心谈话，既要强调工作方式和方法的严谨性、规范性，给学生以榜样，更要注重教育引导和沟通交流的平等性、民主性，在日常的平等交流、有效沟通特别是教学相长中，来构建并厚植师生间的互信。因而，从某种意义上来说，只有首先做到了以情感人，才能真正达到以理服人，这既是做好工作的内在要求，也是一种有效的工作方法。坚持以情感人，首先要理解人，也就是所有教职工尤其是一线学生工作者，要能够带着真情实感去深入地了解学生，要能够换位思考，经常性地站在学生的角度来考虑问题，工作起来才不至于刻板、生硬，既有利于跟学生建立良好的互信，也能够更好地落实并改进工作。其次要尊重人，尽管某些学生工作带有行政强制的性质，也尽管常常会遇到某些学生因性格偏执等原因难以做通工作，但在坚持原则性和纪律性的前提下，要注重工作的灵活性，给予学生充分的尊重，才不至于激化矛盾、形成对立，才能更有利于问题的有效解决，并且很多时候也会让学生受到更为深刻的教育。其三则是关注人，学生工作实践中，能不能主动地去关心关注学生，既是一种工作态度，更需要一种真情付出和甘于奉献的大爱情怀。实际上，每个人都有一种被关注的渴望，尤其是处于成长期、塑型期的青年学生。许多学生毕业之后回顾大学生活，印象最为深刻或者倍感温暖的，往往不是学业评优或竞赛获奖，而是老师不经意的一声招呼、一句鼓励或一次帮助。因此，坚持以情感人，是做好学生工作的有效方法，也是一线学生工作者开展实践工作、取得育人成效的灵魂。

四、以己成人是最高的境界追求

学高为师，身正为范。高校人才培养特别强调言传身教。尽管这是对高校每一位教职员工的基本要求，但深入探究，在不同的岗位，实际上言传与身教还是存在某种侧重的细微差别。一般来说，专任教师投入专业课堂教学的时间与精力要多一些，虽然言传与身教同样得到了体现，但对学生而言，专任教师在授业、解惑即言传方面更为重要。同样地，在课外对学生的教育、引导与管理过程中，虽然动之以情、晓之以理极为重要，但是，学生日常管理工作特别是课外文化与实践活动更具开放性、参与性、自主性，在很多时候也难以达到像课堂教学那样的严谨性、原则性乃至规范性。因而，一线学生工作者在日常管理和服务工作实践中，能不能做到严谨务实、公平公正，在一定程度上会影响到学生对社会的认知，影响到学生的世界观、人生观和价值观的形成；在做学生思想引导和解疑释惑工作时，能不能实事求是、虚怀若谷，有时候会影响到学生对老师所教知识的确信，因为在一个信息爆炸的时代，学生接受信息的时间和了解的信息量，很多时候可能会先于或大于一线学生工作者；在召开会议或开展主题教育，乃至与学生的日常沟通交流中，能不能严于律己、以身作则，做到守时、守信、守诺和坚持原则、遵守规则，不仅会影响到教育工作者的形象及其工作效果，也可能会影响学生的某些行为与观念；在组织开展课外文化与实践活动中，能不能保持热情、躬身示范，带头参与到某些活动中来，营造引导和鼓励学生积极参加活动的良好氛围，有可能会影响到学生的参与度和活动的实际效果。以上这些说明，作为教育工作者特别是一线学生工作者，要把学生教育好、引导好，首先必须不断开阔视野、学习知识、积累经验、涵养品格、提升素质、增强能力，才能以学识、品德、修养、能力来感染学生、激励学生、引导学生，达到言传与身教相向而行、以己成人的境界。

第三节　完善“三大工作格局”　形成顶层架构

打破固有的观念，跳出事务性工作的窠臼，从高校立德树人根本任务和整个人才培养体系结构这一更高层面，回过头再来重新审视以往所认知的学生工作就是学生教育、管理和服务工作，其内涵、功能与意义及其规划、组织与实施方式，就会发生质的变化：教育、管理和服务这三个小的系统，不再局限于庞杂的事务性工作，而是因其有核心目标任务的指引，每个小的系统的工作目标、机制、内容、项目都将趋于合规律、合目的而变得规范、有序；原来仅靠事务性工作相互交叉而产生某些联系的教育、管理、服务三个小的系统之间，既因具体任务的差别而有所区分，更因目标指向的一致而紧密联结，进而通过思想价值引领、学生日常管理、课外实践锻炼等项目任务的设计、归类及平台共建、资源共享等多种方式，形成一个立体架构，相互支撑与协同来共同达成学生工作的核心目标。

然而，在学生工作实践中，学生教育、管理和服务工作，既有相互交叉的地方，也有其相对的边界，如何将它们相互之间的工作任务、联结关系理顺，是构建学生工作体系的一个关键。而要真正理顺这一关系，首先必须厘清教育、管理和服务工作各自的主要目标及其聚焦点。的确，从相互关系看，三者之间存在比较大的交叉重叠乃至是包含的关系。如果从宽泛的意义上来理解，教育引导工作，它实际上是贯穿于管理和服务工作的，而管理和服务也不单纯是事务性工作的处理，还各自承担着管理育人和服务育人的职责。就这个意义上来说，学生工作之所以复杂，就在于各个工作体系之间的关联性高、交叉点多。比如，与学生教育、管理、服务工作密切相关的，在深化“三全育人”综合改革过程中，推动构建和完善“十大育人体系”，就存在类似的情况。在“十大育人体系”中，每个项目看起来都有比较清晰的职责内容和考核标准，但在具体实施过程中，如实践育人和文化育人可能都会侧重于课外文化与社会实践活动的开展，管理育人和服务育人则都是侧重于机关管理部门服务意识、服务态度的改进与服务效率的提升等。这种职能交叉，往往会造成不同部门育人功能发挥上的边界模糊，以至出现“大家都有职责，但又谁都没有责任”的现象，整个学生课外培养工作就会处于一种相对无序的状态。只有跳出某个部门、某项事务性的工作，真正从育人这一根本使命出发，对不同工作体系进行深入探究，从理念和目标聚焦的角度，厘清一些边界，才能达到协同育人的目的。如将“课程育人”聚焦课堂教学主阵地育人功能的发挥，“科研育人”聚焦学生学术意识、学术规范和学术道德的培养，“实践育人”聚焦学生综合素质的提高，“文化育人”聚焦社会主义核心价值观的培育，“网络育人”聚焦线上网络思政和网络文明的建设，“心理育人”聚焦学生良好心理和健全人格的塑造，“服务育人”聚焦学生无私奉献精神的培育，“管理育人”聚焦学生社会责任和担当意识的培养，“资助育人”聚焦学生自立自强能力的锻炼，“组织育人”聚焦学生理想信仰的坚定、思想素养的提升和家国情怀的培养等，才能让每一个育人体系相对明晰主要朝着哪个方向发力，也才能达到各个育人体系之间的相互协同。

从高校整个学生工作体系建设来看，学生教育、管理、服务这三大工作格局，实际上处于上承学生工作目标和理念、下接具体工作任务这样一个中观层面。正因如此，由于以往对处于中观层面的工作格局，在整个学生工作体系结构中的定位与功能认识不足，也就极容易造成诸如“十大育人体系”等具体工作在实践中难以有效推进的困境。因而，从目标任务、制度机制等各方面理顺三大工作格局及其互构关系，便成为科学构建高校学生工作体系内在的和迫切的要求。

一、健全三大工作格局的制度机制

从高校人才培养体系而非事务性工作的角度来谋划和构建学生工作体系，无论教育、管理还是服务工作，原有的一些制度和机制，无疑需要进行相应的改革和完善。在相关制度完善方面，包括学生工作委员会的联席会议制度、学生评价制度以及学生日常管理当中的相关制度、服务学生的质量标准体系等。而机制的建立与完善则更为复杂和重要，其中包括着眼于促进学生全面发展的资源配置机制、各单位围绕促进学生成长发展和综合素质能力提升的工作协同机制、学生工作质量与成效的考核评价机制、引导和鼓励教职员工参与全员育人过程的激励约束机制，以及相关的队伍建设机制、条件保障机制等。当然，在围绕教育、管理、服务三大工作格局来构建学生工作体系的过程中，首先要对三个工作系统中现有的相关制度和机制建设进行全面的重新梳理，其次就是要对每一个工作系统及其重点项目任务所涉及的主要部门和单位予以进一步的明确，这样才能从更加宏观、系统的层面，对相关的制度机制进行改革和完善，既促进每一个工作系统有序、高效运行，又加强三个系统之间的相互联动协同。

二、明确三大工作格局的目标任务

尽管学生教育、管理、服务工作在实践运行过程中，存在诸多的交叉重叠，但只有相对明确每一个工作格局构建的重点目标任务，才能真正厘清相互之间的工作交叉点、任务的重合点，从而在协同机制的完善、优质资源的配置、平台载体的共建共享、工作队伍与力量的调配等方面进一步进行统筹和优化。

教育引导工作的重点就在于对学生思想、观念、价值、行为的引导。这实际上，无论从哪一个方面，对于学生科学的世界观、正确的人生观和奉献的价值观的形成，以及对自我、他人、社会、世界的科学认知，都是极为重要和关键的。加强和改进新时代高校学生工作，推进“时代新人铸魂工程”，培养德智体美劳全面发展的社会主义建设者和接班人，更基础、更关键、更长远的工作，也就在学生的思想政治教育和价值引领。

日常管理工作的重点就在于涉及学生日常学习、生活、实践的相关工作，虽然相对比较庞杂，但主要包括学风建设、奖助贷补、评先评优等日常事务性的工作与活动的组织。当然，在实践工作过程中，常常被忽视的一项非常重要的工作，就是学生综合测评及学生综合素质能力的评价改革，虽然是一项综合性的工作，但主要还是对学生日常表现、参与日常活动和课外实践锻炼及其取得成绩的综合性考核和评价，它实际上是属于学生的过程管理。

成长服务工作的重点在于在课外整合优质资源、搭建平台载体、提供成长锻炼和发展机会，除了生活保障、公共资源服务以外，主要包括学生学习与学业指导、日常事务办理、职业规划与求职就业等。它实际上包含了学生在校期间除吃住行及公共活动等条件、环境和资源保障型服务以外，着眼学生的成长发展和综合素质能力提升，涉及学生学业、心理、成长、实践、创新创造、职业生涯发展的诸多方面，也就是通常意义上的学生服务体系的建设。

正如前面所论及的，学生工作中教育、管理和服务这三大工作格局在整个学生工作体系中，处于上承目标理念、下接具体任务这样一个中观层面。因而，在这三个工作格局之间，以及三个工作格局与其所涵盖的下属的各项任务之间，存在着诸多的交叉关系。从学生课外培养的视角，为进一步梳理这三大工作格局之间的相对边界，根据各工作格局所聚焦的重点任务内容，可以对它们作一个大致的归类，即日常管理工作格局，除了涉及事务性管理工作以外，其重点实质上还在于通过日常管理来达到培养学生实践能力的目的，主要包括专业实训实践、社会认知实践、创新思维实践、创业能力实践、劳动锻炼实践；教育引导工作格局，虽然包含更广，但聚焦于思想、心理等素质能力培养，则主要包括思想政治教育、心理健康教育、道德品质教育、人文科技教育、国际视野教育；成长服务工作格局，聚焦于学生的成长发展，主要包括生活保障服务、日常事务服务、学业帮扶服务、成长指导服务、求职就业服务。当然，作为学生工作体系中处于中观层面的三大工作格局，这五个管理实践、五个教育引导、五个服务保障的任务内容，只是一个相对的区分，其具体的落实仍然需要贯穿于学生工作的重点任务并体现到全面提升学生综合素质能力、全面提升服务学生成长发展水平的实践当中去。

三、促进三大工作格局之间的有效协同

厘清学生教育、管理和服务工作的目标任务，既有利于各自发挥基于核心任务的功能作用，同时又有利于机制与资源的统筹，提升整个学生工作的质量、水平与效能。从实践工作指向来看，学生教育、管理和服务虽然都是面向所有学生的工作，但由于各自承载的主要任务与功能有所差别，在工作格局的构建及其工作规划、组织与实施方面也有所差异。

学生教育引导工作，侧重于立德树人方面整个学生思想政治教育、价值引导与道德品质的提升，它应当是纳入学校整个思想政治教育当中的，也就是学校的“大思政”及“大思政课”工作格局，相关部门和二级院（系）基本上是按照学校的思想政治教育工作部署，结合实际来加以具体实施，因而，这一工作格局的构建主要还在学校层面。

学生日常管理工作，是指有关学生日常学习、生活、实践等方面的帮扶、指导，以及围绕学风建设实施的管理与引导工作，这些工作比较琐碎，而且往往是以学生的学业成长与发展紧密相关的管理实践为中心，必须落到二级院（系）才能真正得以实施，也就是通常所说的必须推动管理重心下移，这一工作格局的构建与完善则主要由学工线尤其是院（系）来承担。

学生成长服务工作，涉及的面比较广，需要参与的部门和单位也比较多，重点还在于各部门和单位在工作机制、内容与资源方面的协调，共同来为学生的成长与发展提供服务保障。从学校宏观层面、部门和单位协同的中间层面、学工一线特别是院（系）微观层面，将学生教育、管理和服务工作的重点目标任务加以梳理，才会使得机制、平台、载体等搭建更利于协调和共享，实践活动项目、组织实施方式、队伍力量组合更加优质高效，从而促进三大工作格局之间的互通、互融、互促。

第四节 聚焦“六项重点任务” 夯实工作基础

在探讨高校学生工作目前存在的三种状态时，对普遍的工作现状与运行状况进行了一些描述。归结起来，就是在相对缺乏全局视野与系统思维的情况下，目前高校的学生工作局限在学生工作部门或一线学生工作者这个极小的空间，围绕日常事务与工作任务，主要开展三个方面的工作，即上级主管部门和学校安排的工作任务、学生工作部门职能职责范围内的日常教育与管理、学校其他单位涉及学生的相关工作落实及需要学生参与相关活动的具体组织。学生工作往往处于一种被动的、从属的工作状态，其应有的职能及功能作用的发挥空间被大大忽略和压缩了。主责主业不明确、重点任务不明晰，导致高校学生工作处于一种被动应付的状况，这对于高校人才培养尤其是学生课外实践锻炼和素质能力提升是极为不利的。因而，必须从整个人才培养的大视野，对高校学生工作的理念、目标、内容、实践路径和未来发展进行整体的谋划和设计，着力构建起一个科学、高效的学生工作体系，才能真正适应并在高校立德树人整体工作中发挥出应有的作用、取得更好的成效。

然而，高校学生工作部门不像教务、科研等业务部门，在工作职能职责上那么界限清晰，加上固有观念多认为学生工作即学生工作部门的工作，凡是涉及学生的事务都是学生工作部门的任务，这造成一个较大的弊端则是，学生工作部门和一线学生工作者的事务性工作越来越繁重，而相关单位更多的是专注于业务工作，对于所应承担的育人职责却相对忽略了。要改变这一现状，需要有一个大的观念转变。而要实现这一转变，就现状来看，首先要对学生工作或者更小的层面，即学生工作部门的职能职责、重点任务有一个相对比较清晰的界定，明确主责主业，既利于自身工作的开展，也利于更好地加强与其他单位的工作协同。

就高校学生工作或者说学生工作部门的工作来看，尽管涉及的事务性工作比较多，但就主要的职责与功能而言，学生思想政治教育、心理健康教育和安全稳定工作，既是基础也是底线；学生日常管理涉及学生的学习和生活等各方面的事务性工作，课外文化与实践活动的规划、组织与实施，关系到学生课外实践锻炼和素质能力培养，学生工作队伍建设及其业务能力提升，则是抓好学生工作的基本力量保障。因而，从总体来考察，高校学生工作特别是学生部门牵头承担的工作，主要由这六项重点任务组成。深化高校学生工作改革，构建和完善学生工作体系，需要以这六项重点任务为核心来加强谋划与推进。

一、把牢主责主业，深化思想政治教育

作为高校学生工作中的基础和重点，思想政治工作是一项政治性、思想性、理论性极强的工作，也是一项实践性、发展性、变化性非常强的工作。构建和完善学生工作体系，谋划好学生思想政治教育工作，要把握好两个重要的方面。

一要准确把握和深入分析新时代高校思想政治工作面临的形势及其存在的普遍性问题。在谋划学生思想政治教育工作过程中，当前还存在以下八个方面的问题值得深入思考和探讨：一是从思想教育和学生需求来看，存在“思想的坚定与问题的求解”问题，即如何针对学生的思想困惑，真正让马克思主义基本理论、习近平新时代中国特色社会主义思想入脑入心；二是从理论研究和实践发展来看，存在“理论的丰满与实践的骨感”问题，即立足时代实际、中国实际特别是教育实际、学生实际、工作实际而开展的针对性、指导性、操作性更强的实践研究

不够；三是从工作总结和效果评价来看，存在“结果的想象与想象的结果”问题，即在思政教育实践特别是效果评估中相对忽视学生的主体地位；四是从部门协同和工作谋划来看，存在“要做的工作与该做的工作”问题，即立德树人的理念贯彻还不彻底，思政教育长期变成了某些部门的工作；五是从课程教学和素质提升来看，存在“教学的任务与教育的职责”问题，即专任教师参与学生课外指导的全员育人广度和深度还不够；六是从思想淬炼和困难帮扶来看，存在“思想的实际与困难的实际”问题，即在切实解决学生遇到的实际困难这一实践过程中，来提高思想政治工作的感染力、亲和力、说服力、引领力还不够；七是从道德涵育和思想锤炼来看，存在“小德的涵养与大德的提升”问题，即思想道德教育的大、中、小衔接不紧和家、校、社联动不够，造成大学生思想道德教育的困境；八是从个人成长与职业生涯来看，存在“专业的进境与职业的发展”问题，即一线的专职辅导员业务能力素质还有待整体提升，个人成长与发展的通道还过窄。面对这些实践工作中带普遍性的现实问题，尤其需要在高校思政工作谋划中加以高度重视，从思路、机制、平台、手段、方法等方面着手，不断探索并加以妥善解决。

二要着力探索并搭建有利于提升学生思想政治工作实效的基本架构或模式。关于高校学生思想政治教育理论与实践的研究都非常丰富，取得了很多的成果，并且在实践工作方面，许多高校也进行了很多有益的探索。应当说，围绕学生思想政治教育工作，每所高校结合重点任务及自身的办学传统、教育资源都有不同的做法。湘潭大学在这方面，经过积极探索，也逐步形成并推进了线上和线下两个“1+3+8”的学生思想政治教育模式，即坚持以学生为中心，结合时代新人铸魂工程和学校实际，将课外实践锻炼与网络思想政治教育相贯通，以落实立德树人根本任务、着力培育时代新人为目标，线下以“铸精魂”“致青春”“创未来”三大模块加辅导员开讲、青年下午茶、青年文化论坛、“缘来一家人”社区文化节、“新青年先锋”学生讲习团、“筑梦新时代”成长训练营、“回望湘大”青年校友论坛、“畅享未来”新生家长论坛八个活动项目为主体，将学习交流、理论讲座、微党课和微视频创作等有机结合起来，丰富课外实践锻炼和教育引导活动。线上以平台矩阵、内容矩阵、传播矩阵三大矩阵加理论园地、学在湘大、心灵驿站、职等你来、缤纷生活、七彩青春、人文校园、爱我国防八个重点内容为主体，结合青年学生特点加强优质内容供给，增强网络思想政治教育的吸引力和针对性。这两个有机融通的“1+3+8”学生思想政治教育模式，有力推进了“大思政”格局的构建与完善。

二、细化工作职能，规范学生日常管理

高校学生工作是一项打基础的工作，一线学生工作者处理烦琐的事情较多，有些类似于工厂的“蓝领工人”，忙于日常事务，但年终总结起来，能够拿得上台面、可圈可点的反倒不多。尤其是学生思想政治教育和日常管理工作，要求高、事务多、工作细，本质上是一个润物无声、潜移默化的过程，无论是从工作整体实效来看，还是从对青年学生个体成长与发展的内在影响来看，都需要一个比较长的时间才能真正显现其作用、检验其效果。学生在校期间，对于一线学生工作者的教育、指导和帮助，可能还难以感觉得出其价值与意义，往往要到走上社会、参加工作以后，在工作实践中才会有更深的体悟。从毕业学生普遍反馈来看，觉得印象最深刻、对自己影响比较大的，往往是在学校所遇到的一些日常小事。所以，无论从高校学生工作的职责任务，还是从对学生成长发展的影响方面，学生日常管理与服务工作，都是极为重要的。

作为高校学生工作体系建设中的一项重要任务，把学生日常管理工作理顺、落细、做实，需要从整体上加强工作的统筹。

一要从职能职责的角度厘清学生日常管理工作的边界。从宏观而言，学生工作是学校的工作，是人才培养过程中利用课外时间与空间促进学生全面发展的工作，涉及的工作内容多、职责部门多，学校的每个部门和单位都承担着育人的职责，也就是说，都有任务、有责任主动参与到学生工作中来履行好育人的职能职责。但就学生日常管理而言，这一职责任务，则主要是由学生工作部门来承担，或作为主要业务部门来协调学校其他部门和单位共同开展工作。作为部门工作中的一项重要职能职责，就应当有其职责范围和边界，否则眉毛胡子一把抓，该做的事情、应当推进的工作反而难以高质量完成。正如前面所谈到的，学生日常管理工作，实际上主要包括学风建设、奖助贷补、评先评优、学生干部队伍和班团建设、少数民族学生的教育管理与服务、文明寝室创建和学生社区文化建设，以及诸如学生请休假、零星校外住宿办理等日常事务性的工作与活动的组织。这些主要工作内容，是应当由学生工作部门来统筹和主动加以推进的。而除此之外，学校其他部门或单位开展的相关工作或活动，尽管涉及学生的组织和参与，但主要的责任还在开展工作或举办活动的主体单位，学生工作部门只是协同单位。之所以要相对明确学生日常管理工作的边界，一方面，由于以往存在职能职责不清，经常出现的一个问题是，其他部门开展的工作或举办的活动，效果好、有成效，成绩是主办单位的，而一旦出现问题或纰漏，则归咎于作为协同单位的学生工作部门，导致学生工作部门往往成为既要承担工作任务，又要承担工作责任的“无限责任公司”，不利于工作的推进，也会挫伤一线学生工作者的积极性；另一方面，还在于通过明确职责边界，在某种程度上促使对学生工作认知及其观念的转变，让所有单位都意识到并切实承担起育人的职责，真正形成全员、全程、全方位育人的格局。

二要从效能提升的角度加强学生日常管理的规范化建设。正由于学生日常管理工作点多、面广、线长，很多工作涉及学生的学习、生活保障及其切身利益，因而，既要提升管理工作的效率，也要确保工作的规范、有序推进。在这个过程中，一方面，要注重将工作实际与发展目标有机结合起来，不断完善相关管理制度与机制，以促进各项工作的全面发展。比如，为进一步加强班级和寝室管理，一般都会引导学生自主制定班规或寝室文明公约等制度，同时开展文明寝室、标兵寝室和先进班集体、十佳班级评比活动，这对于学生创先争优无疑会起到极大的激励作用。然而，在评选过程中，不难发现，一些评选的指标体系缺乏有针对性的细化项目，都比较宽泛，虽然以寝风、班风评价为主，但过于面面俱到，以致评选出来的“标兵寝室”“十佳班级”，主要还是在拼平均绩点、获奖项目数等，尽管这些非常重要，却缺乏真正的示范性、引领性。因而，在这一管理过程中，需要进一步细化指导性的指标来强化导向性，如十佳班级的评选，除了将平均绩点、获奖项目数等偏重于学业成绩，以及班级制度建设、日常管理、学风班风等方面的指标设定在够得上示范班级的水平以外，通过从理论学习、社会实践、创新创业、志愿服务、青春活力、互助互爱等不同层面设定不同类别来加以评选，既能使评选具有一定的特色区分度，又能将班级管理、评选活动与学生思想、价值、行为引导相结合，更好地发挥引领作用，并提高管理工作水平与效率。另一方面，要切实强化制度、规范的实施刚性。高校在学生管理过程中，很容易出现的现象是，制定了相应的制度、规定，但难以严格执行和落实到位。比如，对于学生违反校规校纪，都有相应的违纪处分规定。然而，在制度执行过程中，要么出于对学生的“保护”，以免影响学生考研保研、考公考编和就业，要么担心进行纪律处分会导致学生出现这样那样的问题，甚至二级院（系）还会考虑跟其他二级院（系）比起来，自己学院如果严格执行纪律处分相关制度，对违纪学生处理过多，会影响学生工作考核业绩，从而使相关的制度和规定变成了极具弹性的“橡皮筋”，失去了应有的严肃性和约束力，就会无形当中增加日常管理工作的难度。

三要从工作细化的角度推进校院两级协同和院（系）工作的落实。应当说，除了奖助贷补、评先评优等面向全校学生的基础性工作主要在学生工作部门外，大量的学生日常管理工作最终要落到院（系）来实施。一方面，学生工作部门要做好工作的统筹和协同。由于日常管理的大部分工作，比如家庭经济困难学生的认定、国家奖助学金的评定等，每年都在相对固定的时段开展，相关的政策、标准、程序和要求变化不大，在管理工作过程中，可以提前向二级院（系）作出安排。而其中非常重要的一项工作就是，为提升管理工作效率，尤其是考虑到各二级院（系）具体负责某项工作的辅导员，往往会随着人员的变动在分工上发生变化，因此，就某项工作如家庭经济困难学生的认定，其认定的政策依据、标准与方式、程序、相关材料要求以及时间节点，应当形成简要的流程图，让新接手这项工作的辅导员也能够一目了然，以便增强工作的规范性和提高工作效率。另一方面，就是要切实规范二级院（系）的学生日常管理。许多事务性的、细致性的工作，需要由院（系）来落实和完成，必须指导和督促院（系）按照学校学生日常管理工作的内容、任务、程序、要求来形成基本的规范，明确分工和责任。在做好常规性工作的同时，还要将学业指导、困难帮扶、谈心谈话、心理疏导等方面的工作统筹起来，组织并发挥好学院领导班子成员、专任教师、学生党员和干部、优秀学生典型等不同队伍和力量的作用，共同参与到院（系）学生日常教育和管理工作中来。

当然，以上是就学生日常管理工作的基本内容、任务与方法来谈管理工作。在实践工作过程中，由于日常管理工作过于繁杂，如果就事论事，一方面，容易造成多头忙活，劳而无功，另一方面，很多的工作还只是面向所有学生的事务性工作，难以真正落实到学生个体，并根据学生的特点和需求来加以管理、指导和服务。因而，从学生课外培养这一更为广阔的视野来看，学生日常管理工作不仅仅是针对事务性的工作管理，实际上重点还在于对学生课外实践的统筹及其实践项目、活动的管理，主要包括学生课外的专业实训实践、社会认知实践、创新思维实践、创业能力实践和劳动教育实践这五大方面实践工作的管理，这五大课外培养实践的管理是否有序、有效，很大程度上决定着学生管理工作的质量和水平。因而，深化学生工作改革，提高工作的针对性和实效，还需要以学生为主体，积极探索和推进学生日常管理工作的改革与创新。

三、整合优质资源，拓展课外文化实践

在固有观念和现存的运行状态中，高校学生课外文化与实践活动的策划、组织和实施，主要归口在校团委。然而，从高校学生工作必须作为人才培养体系的重要一环或重要组成部分加以统筹和规划这一宏观层面来考察，正如不能将学生工作狭隘地理解和窄化为学生工作部门或一线学生工作者的工作一样，在一个需要抓好而且必须有总体规划、有实施步骤来抓好的学生课外时间与空间领域，学生课外文化与实践活动及实践锻炼，单靠校团委一个部门的力量是难以承载和推进的。

实际上，在高校学生工作中，除了思想政治教育和心理健康教育作为思想引导与心理成长指导的引领性固本工作，日常管理和安全稳定作为保底线的基础性保障工作以外，学生课外文化活动与实践锻炼则作为促进学生素质能力全面提升的发展性强基工作，有着其特殊重要的功能与作用。只不过，在目前对高校学生工作整体性认识还不足的情况下，这一重点任务被大大弱化和边缘化了，往往只是作为群团组织的、丰富学生课外文化生活的活动来对待，尚处于一种自发、自在、自为的状态。

深化高校学生工作改革，完善工作体系，加强对学生课外文化与实

践活动的规划，是一项大有可为而且必须有所作为的工作。想要培养学生什么样的素质能力，就应当有意识、有重点地提供什么样的课外锻炼平台与机会。反过来，有没有抓好工作规划，有没有为学生提供这样的平台和机会，在一定程度上又造成了学生综合素质的差异，从而决定了不同高校在人才培养质量与水平上的差异。因而，加强学生课外文化与实践活动的整体统筹和精心设计，是高校学生工作中一项极为重要的工作。

一要抓好系统规划。课外文化与实践活动，是提供给学生加强全方位能力锻炼的有效途径和舞台。但纵观目前高校课外文化与实践活动，实际上存在着两个方面的极端：一个是趋于“平庸化”，即基本上将课外文化活动简化为课外文体活动，将课外实践活动简化为课外社会实践和志愿服务活动，在很大程度上偏离了作为大学课外文化与实践活动所应有的内涵、价值与功能，这也是造成大学文化的浅表化、娱乐化乃至庸俗化，而缺乏一种精神、气质与风骨的重要原因。另一个则是追求“高大上”，即脱离学生思维、眼界、视野、认知、经验、能力等方面的实际，一味寻求“规模效应”。比如，面向全社会倡导和支持“大众创业、万众创新”，原本是一个激发社会创造活力的利好政策。然而，在现实实践中，高校在缺乏对大学生创新创业的深入研究与分析、创新创业能力系统培训与指导的情况下，无论是否具备资质禀赋、条件与潜力，只要大学生提出创业，就盲目鼓励，使创新创业俨然成了高校课外文化与实践活动最核心的任务。从表面上看，氛围是有了，但一部分创业的学生茫然无措，一部分学生只是从事一些产业链末端产品的销售或直播带货这类低端的创业活动，还有一部分学生则可能只是将创业作为逃避学业压力的一种选择，这既是对人才和知识的一种错配与浪费，也对学风建设产生了不良的影响。因而，加强对学生课外文化与实践活动的系统规划，必须着眼于学生综合素质能力的提升，立足于学生的思维训练、意识培养、素质涵养、能力锻炼，从德智体美劳全面发展的整体、长远的视角，来科学合理地规划和设计课外活动与锻炼项目，从而避免“到什么山唱什么歌”式的“散兵游勇”状态。

二要加强归口统筹。目前高校课外文化与实践活动的组织，尽管主要是由校团委来牵头承担，但各部门、各二级院（系）根据自身的工作需要，也会组织开展各式各样的活动。从学生综合素质能力提升来看，活动丰富并不等于有效。在强烈的育人意识依然相对欠缺的情形下，一方面，学校缺乏总体统筹与规划，另一方面，相关单位很多时候只是从自身工作职责与任务出发来组织开展活动，需要学生参与的就拉学生来参与，而较少考虑开展的这项活动是否面向所有学生，并且对学生哪一方面的素质能力锻炼能起到有效的作用。缺乏课外文化与实践活动的归口单位统筹，就无法有效地把控通过课外锻炼提升学生素质能力的导向及其实效。加强对学生课外文化与实践活动的统筹，无论是归口到学生工作部门还是在校团委，或者是两个单位协同，都是非常必要的。同时，要做好两个归口把关：首先是要对课外文化与实践活动项目的整体规划与设计进行归口统筹，以便更好地按照德智体美劳“五育并举”来进行设置，防止“畸轻畸重”和走极端跑偏。其次，是要通过形成申请审核机制来对开展活动的三个层次进行把关，即哪些活动对学生综合素质能力提升能起到很好的促进作用、有必要开展并组织学生参与，哪些活动没必要强制性地要求学生参与，还有哪些活动经过优化内容与形式可以组织学生参与，从而最大限度地避免活动的同质化与“空心化”现象。

三要提高实质实效。正如前面所提到的，目前高校课外文化与实践活动，主要还偏重于文体活动、社会实践活动，这些活动对于学生加强课外锻炼、提升素质能力是非常必要也是极其重要的。但是，作为高校的课外实践锻炼活动，既要有品位，也要有质量，还要有实效。提高品位，就是要立足“五育并举”，以提高活动的思想性与思辨性、学术性与专业性、创新思维能力锻炼与实践动手能力锻炼为重点，增强课外文化与实践活动的思想品位、文化品位、艺术品位和创新品位。提高活动质量，就是要重内涵、高水平，防止面上热闹和形式上的“好看”，比如，开展创新创业特别是创业实践活动，重点在于培养学生的创新思维和创业意识，并通过完善制度机制，激励和引导学生立足专业学习、科学研究和技术研发，真正在创新、创意、创造的基础上来进行创业。提高活动实效，就是要充分整合学校内部的、各单位之间的以及校外的优质资源，搭建更多的优质平台载体、提供更多的实践锻炼机会，让学生在参与活动、相互研讨与交流中受到教益、启发和锻炼。

四、坚持工作前置，加强心理健康教育

大学生心理健康教育是一项基础性的工作，也是一项极为复杂的工作，在推进“五育并举”、培养学生素质能力的过程中，可能只有心理健康教育处于非常微妙而特殊的地位，因为它很难单纯地归于哪一类，既涉及对自我、他人与世界认知的思想道德层面，也涉及心智的成熟与自我的认同、身体和心理两方面的健康和谐发展，还涉及抽象意义上的对生命之美、生活之美、自然之美的感知力，以及从事体力与脑力劳动的行动力。因而，大学生心理健康教育工作，专业性非常强，但很多时候需要从非专业的角度来思考和处理问题，因为在工作实践中，不确定性因素非常多，需耗费大量时间和精力处理工作，但往往又“不足为外人道”。

当然，不仅是大学生心理健康教育，应当说，整个大中小学心理健康教育基本上均处于这一状态，只不过，相对于中小学而言，大学生心理健康教育要相对专业和规范一些。但整体上，在相应的政策、专业力量的配备、专门场地及条件建设等方面，也还存在思想重视不够、工作

参差不齐、发展极不平衡等问题，必须通过加强工作规划，不断推进改革与建设，提升大学生心理健康教育的水平与质量，为培养德智体美劳全面发展的高素质人才，抓好身心素质这个基础中的基础、关键中的关键。

一要坚持心理健康教育关口前移、工作前置。近年来，高校心理健康教育工作在各方面的重视与推进下，有了长足的发展，但从目前情况来看，仍然存在较大的局限。其中一种较为普遍的状态是，主要的时间和精力还在于日常信息收集、个体咨询与危机干预方面，也就是说，工作的着眼点和注意力还集中在被动地发现问题和处理问题上。造成这一状况的原因是多方面的：其一，是社会认知上的偏见影响。这种偏见体现在，一方面，认为大学生是知识层次比较高的群体，现在生活等各方面的物质条件大为改善了，青年学生衣食住行不愁，不容易出现心理问题，另一方面则是对于心理健康知识的欠缺，往往把所有出现心理问题的人都归为“病人”而带有某种成见，普遍还没有认识到，出现一般的心理焦虑或抑郁症状，实际上是每一个人都会遇到的一种常态，从而导致整体上对大学生心理健康问题认知上不科学、关注度不够，同时又对人们把主要的注意力放在出现心理问题的学生身上造成负面影响。其二，受各种客观条件的制约，高校心理健康教育工作还只局限于“咨询”方面。这主要包括从事心理健康教育的有资质的专业力量还不足；对心理健康缺乏科学认识，导致学生主动进行心理咨询特别是参与心理健康教育活动方面，普遍存在观念上的、心理上的压力；思想上重视不够和整个氛围还不浓，加上场地、功能室等硬件条件建设相对滞后，导致面向所有学生开展知识普及、心理调适方法指导、团体辅导等活动难以经常化、长效化；等等。要改变这一被动状态，在谋划心理健康教育工作时，应当转变观念，以教育和预防即心理健康知识的普及和面向所有学生开展教育引导为主，而不是以咨询和干预即出现问题再被动地去处理问题为重点，将“教育”前置，把工作做在前面，从队伍力量、条件保障、心理健康教育活动的开展等方面来配置资源、谋划工作，真正将心理健康教育作为完善人才培养体系、塑造学生健全人格和促进学生全面发展的基础性工作来抓紧抓实，实现绝大多数的问题都能化解在知识普及、教育引导的过程当中。

二要抓好心理健康教育工作的整体谋划。对于大学生心理健康教育工作的具体谋划与实施，各高校都有自己的一套设计与做法。近年来，湘潭大学在谋划这一工作时，主要通过实施“五个工程”来加以有效推进：实施教学质量提升工程，着眼“必修+选修”“理论+实践”“线上+线下”“科研+教学”“校内+校外”的“五个+”优化心理健康教育教学课程体系；实施阳光心态塑造工程，围绕学生成长与发展，加强与相关部门的协同，整合资源，利用好“第二课堂”，推动构建贯穿学生大学生活与成长过程的价值引导、思想引导、行为引导、学业引导等相对完善的教育引导体系，并通过专题讲座、专业指导、团队活动、情景体验、模拟训练等多种方式，引导和激励学生增强自立自信、锤炼思想意志、提升素质品格、塑造阳光心态；实施特色品牌创建工程，以学生朋辈互助体系建设和塑造阳光心态为重点，打造心理健康教育与咨询工作特色品牌；实施队伍素质提升工程，为解决专业队伍不足，在编制相对紧张的情况下，通过每年单列 2 个指标招录具有心理学背景的辅导员，在心理健康教育与咨询中心跟班锻炼一年后分配到二级学院，既缓解中心专业力量的不足，也保证每个学院都至少有一名心理学专业的辅导员。同时，在辅导员队伍建设中作为七个专业化建设团队之一，设立专门的心理健康教育与应急管理团队，通过小团队的专题培训、案例研讨、学习交流、实战演练、业务能力评估与专业指导等多种形式，推进队伍的专业化、职业化发展；实施育人环境优化工程，积极发展心理健康教育与咨询中心软硬件条件，完善功能合理分区和功能室，同时加强信息化平台和优秀典型案例资料库建设，营造全员关注、人人参与、个个受益的良好环境与氛围。

三要积极谋划和设计心理文化建设及实践活动项目。深化大学生心理健康教育，教学在课堂，但功夫在课外。加强对心理健康教育工作的整体谋划，是确保各项工作有序、高效开展的基础，而高度重视并谋划大学生心理文化建设与心理实践体验活动项目，推进心理文化与实践活动的体系化建设，则是推动心理健康教育前置的关键。当然，在谋划过程中，正如心理健康教育实际上是贯穿于“五育并举”全环节一样，不能只局限于心理健康教育来谋划心理文化建设项目，相反，必须着眼于德智体美劳全面发展对于学生强大心理建设的需求。在这方面，近年来湘潭大学以心理健康教育为核心，针对性地推进四大心理文化与实践体验活动项目的建设：重点加强心理文化建设，规划和设计了以“阅·生命”“绘·青春”“悦·分享”“品·生活”四大活动板块为主体的心理文化建设项目，组织开展心理健康教育专题讲座、心理剧本征集与排演、心理漫画创作、心理沙龙、心理影视剧作评论、心理微电影等学生体验度、参与度高的系列活动，加强心理健康、自我认知、人际关系、心理调适方法等基本知识的普及，提升学生心理健康素养。同时，将心理健康教育融入校园文化活动，加强体育文化建设，增强学生身体素质，培养自立自强、团结协作精神；加强艺术文化建设，推进审美教育，提高学生艺术素养，以高雅艺术陶冶学生情操、丰富精神世界；加强红色文化建设，结合区域和学校丰富的红色文化资源，深入发掘革命前辈、先进典型的高尚品质，光辉人格和百折不挠的意志，攻坚克难的精神等方面的内容与资源，教育引导学生自信自立自强。

五、注重能力提升，抓好学工队伍建设

党的十八大以来，党中央高度重视高等教育改革发展在建设教育强

国中的战略性、基础性、关键性作用，高度重视加强党对高校的全面领导和高校思想政治教育工作。习近平总书记从教育事业发展提出“九个坚持”、从高等教育改革发展提出“四个坚持不懈”、从高校教师队伍建设提出“四个相统一”和“四有”好老师，从高校青年学生发展提出“五点要求”和“四个正确认识”，在各个方面、各个环节都进行了系统、深刻、全面的论述，提出了明确的目标和要求，为高等教育的改革发展指明了方向、提供了遵循。习近平总书记关于教育的重要论述中，尤其强调“要从战略高度来认识教师工作的极端重要性，把加强教师队伍建设作为基础工作来抓”“教育者先受教育”“传道者自己首先要明道、信道”“广大教师要做学生锤炼品格的引路人，做学生学习知识的引路人，做学生创新思维的引路人，做学生奉献祖国的引路人”等系列重要论述，不仅对教师作为“立教之本、兴教之源”在教育中的重要地位进行了深刻阐述，而且对教师如何当好“经师”与“人师”、当“大先生”提出了根本要求。

在深化高校包括学生工作在内的人才培养改革、促进学生成长发展和素质能力提升的过程中，除了固有认知中的一线学生工作者尤其是专职辅导员队伍以外，有一支不容忽视、却往往没有能够充分发挥基础性作用的力量，这就是专任教师队伍。就目前而言，无论是从各种客观因素、环境对投入育人工作时间与精力的制约，还是一直以来的思维惯性造成的固有观念来看，高校有相当一部分专任课教师，仍然觉得只要兢兢业业把书教好、把专业课上好就行了，对于课外深入学生进行交流、参与课外文化和实践活动的指导、加强对学生思想引导和心理疏导等工作的参与度比较低，甚至认为这些工作只是学校相关部门和专职辅导员、班主任做的事情。实际上，从队伍力量结构而言，尽管近些年来党中央、各级部门和高校都高度重视以专职辅导员队伍为核心的学生工作队伍建设，但从数量上看，专任教师按照1：18师生比配置，而专职辅导员按照 1∶200 师生比配置，不到专任教师的十分之一；从对学生的影响力而言，由于专任教师在学历、职称、科研能力、创新能力等方面所构成的综合实力与优势造就的特有学术与人格魅力，相对于囿于日常琐事、处理各种矛盾的学工一线工作者来说，对学生潜移默化的影响力，毫无疑问要强大得多。从这个意义上来说，加强和改进高校学生课外培养工作，必须强化教师是第一身份、育人是第一职责的理念，高度重视并提升专任教师参与全程育人的责任感，切实发挥专任教师对于促进学生成长与发展的基础性、关键性作用。只不过，由于高校特别是地方高校存在师资数量不足、高端人才引进困难、专任教师科研任务繁重等主客观因素的制约，让专任教师参与到学生学业帮扶、课外实践指导、成长过程培养等育人工作中来，还有许多的工作要做。

尽管高校学生工作是作为人才培养体系中的一个重要组成部分，学校各个单位、每一位教职员工作都承担着育人的职责，都应当积极参与学生的课外教育与培养、课外实践活动的指导，但从承担学生日常工作的主体力量而言，仍然还在于以专职辅导员为骨干的一线学生工作队伍。

高校一线学生工作者尤其是专职辅导员，作为教师队伍的一个组成部分，有着其身份的特殊性——既是专业技术人员，又是管理工作者，而且与学生日常交往最密切、交流最广泛，对学生的影响也最为直接。近年来，在教育行政主管部门和各高校的高度重视下，专职辅导员队伍不断壮大，抓好工作谋划、加强队伍建设、提升队伍素质，充分发挥专职辅导员作为学生知心人、热心人和引路人的重要作用，不仅关系学生工作的成效，也关系到人才培养的质量和水平。在辅导员队伍建设的谋划与实际工作的推进中，要把握好以下三个关键点。

一要从学生工作体系的构建来谋划好辅导员队伍建设。辅导员队伍的眼界视野、整体素质、工作作风、开拓精神如何，决定了整个学生工作的活力、动力及其工作成效与发展后劲，也在很大程度上决定了学生的素质能力提升实效。在学生工作体系还不健全、重点工作任务尚不够明确的情况下，一线专职辅导员只能"跟着感觉走"，忙于事务性的工作。而对整个学生工作核心目标、工作理念和重点任务进行了明确，让辅导员有了比较清晰的工作方向之后，需要进一步解决的问题，则涉及院（系）的重点工作任务如何落实、辅导员工作量如何平衡、工作职责交叉如何理顺，乃至如何对每位辅导员的工作绩效进行客观有效的评价等。二级院（系）通常的做法是每位辅导员针对所带的学生履行好九大职能，再根据心理健康教育、奖助学金评定、毕业生就业等几项重点工作进行粗略的分工。一方面，整体工作缺乏统筹和规范性的要求，比较散乱，履行九大职能实际上难以到位，业绩考核起来也存在比较大的困难。另一方面，工作量难以平衡，往往容易造成"三个和尚没水喝"的局面，尤其是奖助学金评定、就业等工作，季节性和时效性非常强，容易出现忙闲不一的状况，不利于整体工作的开展。为切实解决这一问题，近年来，湘潭大学在辅导员队伍建设及其职责分工方面，探索和实施"条块结合"的工作模式，即每位辅导员按照要求带 200 名左右的学生，大学四年相对固定并全程跟进，履行好九大基本职能。在这个基础上，根据二级院（系）学生日常工作实际，将整个辅导员队伍划分为学生党建和思想政治教育、日常管理与班团建设、心理健康教育与应急管理、网络思政与舆情引导、学生综合能力发展与服务体系、校园文化建设、研究生思政教育等 7 个团队，每位辅导员必须参加一个团队并在院（系）负责这一块工作的统筹。比如，参加学生党建和思想政治教育团队的辅导员，在带好自身负责的 200 名左右的学生、认真履行好九大职能的基础上，负责学院党建和思想政治教育工作的统筹。当然，这个统筹并非院（系）关于这一方面的工作都由这名辅导员来落实，而是基于每一位辅导员都应当履行好包括学生思想引领职能在内的九大职能的基础上，做好院（系）学生党建和思想政治工作的相关文件通知上传下达、数据信息汇总、材料归总等工作。这一“条块结合”的工作模式，既保证了每位辅导员履行九大职能基础工作的落实，也确保了院（系）按照全校学生工作的总体规划，对重点工作加以推进。

二要抓好业务工作的系统培训，提升队伍职业能力。辅导员队伍的业务能力与素质培训，是一项必要的、常规性的工作，各高校也有各自的做法，但效果可能有比较大的差异。从实践工作来看，普遍采取的做法是，开展新进辅导员岗前培训、全体辅导员的专题培训等常规性的工作比较多，这是非常必要的。但就实际而言，“大呼隆”式的集中培训效果往往不太好，而且培训的内容主要偏重于理论，学生工作实践操作层面的内容涉及通常较少，对辅导员工作实践的指导性不强。同样比较多的是，选派辅导员参加全国或全省的专题培训，这种培训针对性要强一些，但毕竟有机会参与的人数相对有限。近年来，湘潭大学针对辅导员业务能力培训和素质提升，将集中培训、团队研讨、日常学习“三维一体”相结合，进行了一些探索和实践：集中培训重点从理论知识基础、政策法规、日常管理、党团建设、心理健康教育、应急管理、舆情引导以及公文和新闻写作实务等方面，抓好培训内容模块化建设，使业务能力培训更具针对性、指导性和实效性；团队研讨主要基于辅导员团队化建设，以小团队的培训研讨方式，侧重每个团队所承担的职责任务开展理论学习、团队辅导和案例研讨，进一步提升培训的专业性、实践性和前瞻性；日常学习则针对辅导员日常事务较多、难以经常性地开展集中学习培训的特点，专门开发辅导员理论与业务知识学习小程序、不断完善并及时更新学习资料库，供辅导员利用工作之余的时间来加强日常学习。通过“三维一体”相结合的学习培训方式，有力提升了辅导员业务素质能力培训的实效。

三要完善业绩考核评价机制并发挥好“指挥棒”作用。对于所有工作来说，业绩考核一直是一个难题，如何将客观评价与主观评价有机结合，既达到精准、科学，又发挥好考核评价的目标导向和正向激励作用，往往难以找准有效的平衡点。高校专职辅导员的考核同样如此，而且由于辅导员事务性工作多而杂，加上辅导员队伍包括了二级院（系）党委副书记、团委书记、学工办主任和其他的辅导员，甚至包括从事研究生教育管理的专职辅导员，要做好业绩考核工作，可能显得更为复杂。根据目前高校学生工作尤其是一线学生工作者业绩考核普遍采取的方式及其存在的问题，在进行辅导员队伍建设与考核的设计时，需要避免三个偏差以确保考核的科学性与有效性。首先是因队伍人员身份分类不清晰，“一把尺子量到底”，院（系）党委副书记、团委书记、学工办主任的考核指标体系一个样，导致考核不够精准；其次是分工不够明确和科学，辅导员工作量不平衡或负责的重点任务不同，但考核时运用同样的指标体系进行评价，导致考核不够合理；最后是因对学生工作的核心目标、内涵及主责主业认识不足，在考核指标体系的设计时，主要偏重于辅导员所带学生的平均成绩绩点、四六级过级率、学科竞赛获奖及项目和成果、升学率、保研率等学业成绩，而对于围绕学生工作的核心任务即学风建设、学生成长发展及综合素质能力提升，所开展的工作及取得的成效，却涉及非常少，导致考核不够科学。为有效避免专职辅导员考核不够精准、不够合理、不够科学的问题，近年来，湘潭大学也进行了多方的探索与实践，主要的方式是：第一，明确一个基本的思路与理念，即主要着眼于“人”即学生的成长发展为核心，而不是单纯以“事”即开展的事务性工作为主导来进行业绩考核，亦即辅导员业绩考核是考核学生工作的成效而不是学生的学业成绩，学生学业成绩是学生工作成效的一个重要体现，但学生工作主要是考察围绕学风建设、学生成长发展及综合素质能力提升做了什么、如何做的和做得怎么样。

第二，坚持基础工作与重点工作考核相结合，辅导员所带的200名左右学生应切实到人，并且根据7个辅导员团队建设，每名辅导员在院（系）则承担所加入团队的面向全院所有学生的重点工作统筹，从而实现辅导员工作量上的基本平衡。在这个基础上，一方面，围绕辅导员九大职能合理设置指标体系，将辅导员针对所带200名左右的学生认真履行好九大职能作为基础工作业绩进行考核，并且在考核过程中，只有所带学生取得的成效如学科竞赛获奖等，才能作为该辅导员工作业绩纳入考核，从而避免以往只要是本院（系）学生获得的奖励或成果，所有辅导员都有加分的“吃大锅饭”的情况。另一方面，依据团队化建设，对每个团队所承担工作任务的考核设定指标，将辅导员加入哪个团队、在院（系）就负责哪一项工作作为完成重点任务的考核。基础工作主要在院内辅导员之间进行衡量和比较，重点工作则主要在院（系）之间进行对比评价，既避免辅导员事务性工作交叉使考核加分模糊不清、相对混淆导致做多做少一个样的状况，也在院（系）内和院（系）之间形成比较，使院（系）及辅导员能够找到差距、取长补短，真正以考核来促进工作的开展。第三，推进分层分类考核，依据辅导员队伍当中存在院（系）党委副书记、团委书记、学工办主任、研究生辅导员和其他辅导员不同身份类别的现实情况，实施分类考核。但在考核过程中，对于履行辅导员九大职能的基础工作考核指标体系，都要纳入所在类别的考核，因为无论是院（系）党委副书记还是团委书记，第一身份是辅导员，都必须履行好辅导员的职能。在这个基础上，再根据不同类别的工作职能职责、工作分工来设定相应的考核指标。从而通过科学、客观和有效的业绩考核评价，真正督促和引导所有辅导员认真履行好九大基本职能、高质量完成重点工作以及创造性开展特色工作。同时，注重业绩考核评价结果在辅导员评先推优、晋职晋级等方面的切实运用，既强化考核的“指挥棒”作用，确保基础工作和重点任务的有效落实，又充分激发辅导员队伍的创新创造活力。

当然，在辅导员队伍建设的谋划过程中，还有两个重要的方面，需要加以统筹考虑。一是要通过整体规划和政策设计与完善，打通辅导员的成长发展通道。比如，如何在政策和制度上贯彻教育部所规定的单列指标、单列条件、单独评审，确保辅导员职称评审工作的落实；如何实行适当的政策倾斜支持和鼓励素质高、业务强、业绩好且有志于学生工作的辅导员在职攻读博士研究生；如何将日常考察与业绩考核评价有机结合起来，并作为辅导员转岗和提拔推荐的重要依据以畅通发展通道；等等。二是要注重组织和鼓励辅导员开展业务工作的研究与探讨，以推动工作的改革创新。专职辅导员之所以称之为“专”，实际上与专任教师一样，必须在业务工作和实践工作领域，有自身的主攻方向和研究领域，否则，“东一榔头、西一棒槌”，今年申报文化建设方面的项目，明年开展心理健康教育或资助方面的研究，很难做到专注、专心、专业，整个辅导员队伍的专业化建设也就无从谈起。因而，在队伍建设规划当中，同样应当考虑有组织的科研与实践探索的问题。近年来，湘潭大学在加强专职辅导员队伍建设的过程中，着力推进学生党建与思想政治教育等 7 个团队建设，每位辅导员必须根据自身的优势特长和兴趣爱好加入一个团队，通过小团队的专题培训、日常交流、实践研讨、理论探讨，既推动学生工作重点任务和辅导员履行九大职能的落实落地，全面提高学生工作整体实效，又引导辅导员明确自身的发展方向，指导并促进辅导员个体的成长发展，真正提升辅导员队伍的专业化发展水平。

六、促进工作协同，确保校园安全稳定

高校学生工作，或者说在整个人才培养工作过程中，确保安全、稳定、有序是基础性、底线性的工作，也往往是目前高校学生工作中投入的时间和精力比较多、压力相对较大的工作。安全稳定工作涉及方方面

面，牵涉的相关单位也比较多，需要加强工作的密切协同配合，共同加以推进。而在切实保障校园安全稳定工作中，有几个关键点需要高度重视并有效把握。

一要加强思想引导，确保意识形态安全。习近平总书记反复强调，宣传思想文化工作、意识形态工作是一项极端重要的工作。高校作为意识形态工作的前沿阵地，广大师生是知识层次相对较高、思维比较活跃的群体，而青年大学生正处于思想、道德、认知定型的“拔节孕穗”期。当今世界正处于百年未有之大变局，各种思想文化交流、交融、交锋，国际意识形态斗争依然严峻复杂，各种敌对势力与我国“争夺青年一代”已然成为极为醒目的焦点，加上互联网技术的发展处于知识爆炸的时代，随之而来的，是各种非马克思主义或反马克思主义的错误思想观点借助互联网传播，冷战思维、零和博弈以及历史虚无主义沉渣泛起，各种知识与信息鱼龙混杂、泥沙俱下，信息的海量化、阅读的碎片化，极易解构青年的思想、文化认同，严重威胁到高校意识形态领域的安全。在学生工作方面，加强意识形态工作，尤其要注重线下的思想引导和网络舆情引导。不仅要注意到当代青年大学生是网络环境下成长起来的一代，而且要及时了解和掌握学生的思想动态、网络行为特点、网言网语等，抓好正面引导。

二要加强宣传教育确保日常安全。随着高校办学规模的扩大，在校学生人数较多，此项涉及学生日常饮食、出行、消防、用电、实验室、网贷、防电信诈骗以及学生因特殊情况校外住宿等各个方面的教育、引导与管理。加强日常安全教育管理，一方面，要注重日常的宣传引导，将知识的普及与实践体验、安全演练相结合，尤其要将安全教育内容进行模块化的设计，并结合重要的时间节点有效开展教育和普及活动，形成基本的安全教育体系。另一方面，在抓好日常安全管理和完善突发事件应急处置机制的基础上，要加强工作协同，组建由相关单位、专家教授组成的安全教育和应急处置专家咨询指导小组，加强对安全形势、可能存在的安全隐患及苗头性问题的定期研判，并给予专业性的指导意见，真正做到预判在前、预防为主，以提升日常安全教育与管理工作的实效。

三要把安全稳定工作有机融入日常教育管理。在工作实践中，有关安全稳定工作，尤其是涉及学生的吃、住、行等学习和生活方面的问题，很多时候有一个前期的矛盾积累，会由于没有及时发现并加以沟通和疏导，出现信息不对称，造成学生的不理解甚至误解，从而产生影响安全稳定的情况。紧密结合高校意识形态工作、安全稳定工作的特点来看，只有把日常的教育、引导和管理工作做扎实了，通过一线学生工作者在日常与学生面对面的交流过程中，及时掌握动态、发现问题，把思想引导和情绪疏导工作做在日常，才能够避免情绪和矛盾的积累，大大缓解安全稳定工作的压力。

第五节　实现“两个全面提升”　增强育人实效

从高校人才培养的目标而言，促进学生成长发展和全面提升学生综合素质能力，是高校学生工作的核心目标任务，也是所有工作的出发点和落脚点，既内在规定了学生工作的内涵与任务，也对学生工作起着总揽作用，具有引领性和发展性。正因如此，无论是提升学生综合素质能力，还是服务学生成长发展，都是系统性的工作，而且这两个小的体系置于学生工作大体系下，涉及并内在规定着不同工作格局构建的实践指向和各项重点任务的项目内容设计，因而，又具有交叉性和综合性的特征。但是，作为在学生工作体系当中起着实践指向性和发展引领性的两个系统，只有自身形成比较明晰的架构，才能在实践中真正发挥指导和引领作用。

由此而言，与核心目标、基本理念、工作格局和重点任务既相互贯通、有效衔接，又作为一个功能架构在整个学生工作体系中发挥其独特作用的引领性目标，围绕这“两个全面提升”，实际上可以大致明确为高校学生工作体系中两个内置的功能体系，即五大学生实践体系和五大服务学生体系。

一、完善五大学生实践体系，全面提升学生综合素质能力

在讨论三大工作格局的构建及学生工作重点任务时，特别提到对学生课外文化与实践进行统筹谋划的问题。作为学生工作的一项重点任务之一，如何规划和利用好课外的大量时间与空间，实际上也是人才培养改革的一个重要内容。正因为课外锻炼对促进学生全面发展有着重要的

作用，除了要从文化的、艺术的、心理的各层面加强对学生的教育与熏陶以外，强化学生课外实践，对于培养和促进学生综合素质能力提升，起着更为重要和关键的作用。因而，在对学生工作重点任务之一的课外文化与实践活动进行整体谋划的基础上，对学生课外实践的内容、重点与形式进行专门的设计与规划，也就显得非常必要和极为重要。基于学生工作体系建设三大工作格局、六项重点任务的谋划及其相互贯通，学生课外实践体系的构建，重点还在于五个大的方面。

一要完善学生专业实践体系。从通常的意义上来说，学生的专业实践属于专业课程教学的范畴，而且一般在大学第五或第六学期有专门的专业实习安排和必修的实习学分。然而，一方面，从学生综合素质能力提升来说，就包括学生的专业基础和专业实践能力，而且是非常重要的基础能力。应当说，只注重学生的专业基础能力而忽视综合素质能力的培养，促进学生的全面发展就会成为一句空话，而脱离学生专业基础能力的锻炼，学生的综合素质能力培养也就会失去重心、偏离方向。另一方面，就目前学生专业实践能力培养而言，作为一个教学环节或教学任务，理工科学生专业实习组织性要强一些，由专门老师带队到企业等单位进行集中实习，但主要的还是跟班到工厂一线去“看”，真正动手的不多。而文科学生则更为松散，虽然各院系都设有校外实习或实践基地，但普遍的都是学生自主找实习单位实习。这种完成教学任务的专业实习，对学生专业基础知识的检验、专业实践能力的提升，还存在诸多的局限性。同时，学生专业实践能力的提升，不是光靠一两个月时间的实习就能够达到预期效果的，它应当是贯穿大学四年的一个长期培养过程。从这个意义上来说，在教学安排的专业实习基础上，引导学生利用课外时间进行专业实践锻炼，是学生工作中抓好课外实践活动的一项重要内容。着眼于专业能力的过程培养，构建学生专业实践体系，在谋划时需要重点考虑以下几个方面：其一是要注重专业实践安排的过程性，即随着学生专业基础知识学习的不断深入，从大一的专业导学与专业认知，到大二通过学校结合不同专业，整合资源，联合行业领域的单位设立学生职业生涯体验周，招募学生利用双休日等时间到单位进行实地跟班体验等方式，加深学生的专业体验，大三通过优化专业实习教学环节，加强学生实习过程质量监控，提升学生专业实践能力，进一步明确职业发展方向，到大四则主要是专业实践能力的检验及依据学生的专业胜任力，加强对学生从专业到就业的指导和培训。其二是专业实践时间的灵活性，即在有计划、有组织地鼓励和支持学生在课外积极参与专业实践锻炼的过程中，充分考虑大学的学习特点，有利于学生灵活安排时间来参与专业实践。其三是专业实践项目的针对性，应当说，许多高校对于在课外加强学生专业实践的统筹并设立专业实践项目、活动，促进学生专业锻炼及专业能力提升，还没有引起足够的重视，也缺乏专门的组织与规划。实际上，利用学校空间和学生课外时间，在课外文化与实践活动中，通过设立并有效统筹专业解题大赛、金工实习竞赛、网络攻防大赛、文化创意大赛、电子商务大赛等校内竞赛项目，或者统筹和鼓励在校内开展日常写生、无线测向越野、义务维修等活动，可以更多地强化学生的专业实践能力。

二要完善学生社会实践体系。在以往工作中，关于学生实践主要关注的是社会实践活动，而在这一方面往往又缺乏比较系统的谋划。社会实践重点还在于对学生社会活动、社会关系、社会发展及其实践过程的体验与认知的培养，是学生实践锻炼的一个重要组成部分。根据大学学习与实践锻炼的特点，学生社会实践大致可以划分为两大类，一个是日常学习过程中利用课外时间尤其是双休日开展理论宣传、文化传播、志愿服务等活动，一个是利用寒暑假尤其是暑假开展“三下乡”社会实践活动。构建学生社会实践体系，要基于这一实践的特点加强谋划，强化社会实践对学生正确认知社会现状及发展趋势、社会经验知识的积累、社会责任感的培养等的重要性，重点把握好三个方面：其一是要加强工作统筹，形成相对明晰的社会实践项目，比如理论宣传、文化传播、大众科普、扶贫济困、专题调研、志愿服务等，既增强大学生服务社会的贡献力，又有意识、有计划、有针对性地培养学生的素质和能力。其二是要完善和优化集中组织开展的社会实践，尤其是学生暑期“三下乡”活动的组织实施方式。暑期“三下乡”活动是有组织地鼓励学生积极参与社会实践的重要载体和有效方式，但在以往主要是由各二级院（系）动员学生组建团队、进行选题和组织申报，由校团委来组织相关部门进行项目审核，并遴选一批社会实践项目作为校级项目予以支持，没有能够遴选上的项目，则是由二级院（系）进行支持或者学生自发组织实施。这一方式往往显得比较零散，学生自主申报的项目涉及的类别繁多、选题各异、质量参差不齐，而最终真正深入到社会基层进行调研与实践的并不多。要充分利用好这一载体对学生社会实践锻炼的积极作用，在组织实施方式上需要进一步加强谋划，由学校每年结合党和国家重大方针政策及经济社会发展需求，确立一个大的社会实践主题，参照社科研究项目的组织方式，设立一批校级层面的重点社会实践项目和一般项目，由相关部门、二级院（系）组织重点团队申报并遴选。同时在每个二级院（系）确立一至两个重点项目予以支持，由此形成学校层面重点项目、二级院（系）重点项目和一般项目、学生自主组织开展的一般项目三个不同的层次来组织实施，既确保每年社会实践的重点项目的有效实施，增强学生社会实践的针对性和实效性，又保证学生参与社会实践锻炼的覆盖面。其三是要注重专业交叉融合和强化专业教师的指导，在有计划、有主题地组织开展学生社会实践的同时，无论在学校层面还是在二级院（系）层面，均要通过项目遴选把关等方式，积极鼓励跨院系、跨学科、跨专业来组建学生社会实践团队，并明确团队专业指导教师的职能职责。由此，既保证社会实践活动的质量，又促进不同学科和专业学生之间的交流，使学生在社会实践过程中从不同专业角度来思考、认识和分析问题，形成对经济社会发展更加全面、客观、正确的认知，更好地开阔学生思维视野、提升社会实践锻炼的实效。

三要完善学生创新实践体系。创新实践是基于学生专业知识学习与掌握的基础上，对学生发现问题和解决问题能力的锻炼。实际上，大学生主要是从学习知识、应用知识和创造知识这三个层面进行专业学习与专业能力提升。如果说专业实践锻炼重点在检验学生所掌握的专业基础知识牢不牢固，以及能不能在实践中加以灵活应用，那么，创新实践重点就在于锻炼学生解决复杂问题的能力，也就是创造知识的能力，这是一个更高层次的要求。因而，学生创新实践体系的构建，对于高校培养具有创新能力的高素质人才是极为关键的。构建学生创新实践体系，要把握好以下几个关键点：其一是要明确大学生创新实践的目标与重点。完善激励政策、搭建平台载体积极鼓励大学生开展创新实践，根本目的还在于培养学生的创新意识与创新思维，这是面向所有学生的。而一般来说，要真正具备创新能力，重点还在研究生群体，因而需要从本科生的创新思维培养和研究生的创新能力培养这两个层次来规划好学生创新实践体系。其二是要通过制度与机制的完善，促进所有学生参与创新实践的平衡发展。就现实而言，由于各种观念和客观条件的影响，高校仍然偏重于理工科学生的创新实践，而对于文科学生尤其是基础文科专业学生参与创新实践活动，还缺乏有效的组织，需要通过结合专业特点、加强项目引导等方式激发学生参与创新实践的主动性和积极性。其三是要注重创新训练项目的遴选与专业指导。普遍来看，高校对于有意识、有组织、有计划地推进学生创新实践，还存在比较大的欠缺，学生参与创新实践仍然处于一种自发状态。因而要完善学生创新实践体系，必须注重在“大创项目”总体指导下，结合学校学科、专业优势，有组织地设置、遴选相应的创新实践项目，并配备专业指导老师加以指导，尤其要结合“挑战杯”“互联网+”等学生创新活动，积极推进学生创新实践训练。其四是要注重创新平台的搭建与创新氛围的营造。规划和建设好校内外创新训练基地、创新孵化平台以及“青马工程”、大学生文化素质教育基地等创新平台，整合优质资源，为学生参与创新实践提供更多的机会。尤其是在激励研究生参与创新实践中，要注重发挥专任教授的科研项目优势，将有创新潜质和能力的优秀学生纳入科研团队中来，在培养学生创新思维、创新能力的基础上，加强学术文化、学术道德、学术规范、学术伦理的培养，营造良好的学术与创新氛围。

四要完善学生创业实践体系。积极鼓励青年大学生开展创业活动，既是培养大学生创业实践能力、拓展大学生就业渠道的一个重要举措，也是激发全社会创新创造活力的一个重要途径。但是，高校组织和鼓励大学生开展创业实践，要避免两个误区，同时完善四个机制。这两个误区，一个是对学生创业活动缺乏顶层设计与规划，只要学生申请创业就盲目鼓励，甚至支持学生休学创业；另一个则是对于大学生创业的导向与评价，往往以创业团队的规模有多大、年度创造的收益有多高为标准。产生这两个误区，实际上是没有把大学生创业特点与社会创业者创业特点有效区分开来，偏离了大学生创业实践重在培养创业意识和积累创业经验的初衷。因而，构建学生创业实践体系，要着力完善四个方面的机制：其一是创业意识的培养和指导机制。通过加强对大学生创业课程内容体系的规划、聘请有创业实践经验的校内外导师组建指导团队等方式，鼓励大学生立足专业学习进行创业实践，着力培养学生的创业意识，并为今后的创业积累知识、技术、经验。其二是创业项目的评估与遴选机制。通过学校组建的创业导师团队，依据各行业的发展趋势及社会需求提供创业项目指南、大学生实践指南或自主选择创业项目进行申报，组织专业团队进行评审，只有评审通过后才进入创业实践阶段，以确保大学生创业项目与创业实践的质量与水平，避免盲目性。其三是创业实践的激励和约束机制。既要完善鼓励和支持大学生创业实践的政策与措施，同时在创业实践项目审核评估过程中，要严格把握一条原则，即大学生必须紧密结合所学专业和社会需求，在创意、创新、创造的前提下，进行有知识和技术含量的创业实践，以避免大学生创业实践的低端化、低质量，并对大学生创业实践训练形成正确的导向。其四是创业信息的交流与共享机制。在大学生创业实践过程中，往往出现的一种情况是，一方面，社会或企业有相应的创业项目需求，但找不到合适的大学生创业团队，另一方面，学生有好的创业构想、创业计划，却难以找到志同道合的团队成员和得到相应行业、企业的指导与支持。因而，构建学生创业体系，推进大学生创业实践，必须搭建一个有利于大学生创业政策宣传、创业能力培训、创业计划交流、创业团队组建、创业项目对接于一体的信息平台，更好地引导和支撑大学生的创业实践。

五要完善学生劳动实践体系。高校的劳动教育近年来得到了高度重视。然而，实事求是地说，劳动教育究竟如何开展，虽有一些理论和实践的探讨与研究，但真正要落实到教育教学中去，仍然存在诸多的困难与障碍，还处于探索过程当中。而目前一个普遍的观念和做法是，除了劳动理论课程教学以外，在学生劳动实践中，多认为劳动教育还在于体力劳动方面，主要的方式就是让学生打扫一下校园卫生，或者划出一块区域给学生栽种花草树木、瓜果蔬菜，或组织学生到学校周边农村与社区参与相关的劳动体验等。这些当然是学生劳动教育或劳动实践的一部分，但大学生的劳动教育应当有其自身的内涵、特点与培养目的，其核心的目标，不是简单的体力劳动，而应当着眼于学生劳动价值观的培养。从这个意义而言，高校学生劳动实践体系的构建，可以从三个层次着手：其一是劳动习惯的培养，这其实是在中小学阶段的劳动教育内容；其二是劳动观念的培养，也就是目前许多高校普遍采取的方式，通过组织、引导和鼓励学生参与劳动实践与体验，形成职业平等、劳动光荣、尊重劳动和劳动者、劳动创造价值等基本观念，以及培养学生崇尚劳动、吃苦耐劳等精神品格。其三是劳动价值观的培养，这是一个更高层次的劳动教育，既包含体力劳动的价值创造，也包含脑力劳动的价值创造，以及正确看待体力劳动和脑力劳动的不同分工，在培养学生平等的劳动价值观的同时，针对大学生群体知识层次相对较高、思维活跃、创造力强的特点，更多地关注人民生活和经济社会发展需求，通过刻苦学习和钻研、提升创造创新能力，为社会创造更多的劳动价值。

二、完善五大服务学生体系，全面提升服务学生成长发展水平

如前所述，服务学生成长发展是贯穿于人才培养全过程和各个环节的一项基础性、综合性的工作。只不过，在以往的固有观念中，学生工作就是做学生教育、管理和服务工作，一方面，在强调服务意识、服务态度、服务效能的同时，将学生工作泛化为服务学生学业学习的工作，与教育、管理的职能相混淆，甚至在观念和实践层面弱化了服务育人的功能，而导致整个学生工作的偏离。另一方面，即使是强调服务学生的职责与功能，对于服务什么、如何服务，仍然是极为模糊的。因而，从宏观上对服务学生体系进行一个相对明晰的梳理，是推进学生工作实践的一个现实需求。从教育、管理、服务三大工作格局的构建及其相互关系来考察，围绕学生的成长发展，服务工作格局尤其是服务内容体系的构建，可以大致分为五个重点内容。

一要完善学业帮扶服务体系。尽管专业学习和专业课程教学主要的任务在专任教师，但从日常管理和学生学业发展而言，协同专任教师开展好学生的学业帮扶，是学生工作一项重要的职责。加强对学生的学业

帮扶，实际上也包含了许多事务性的工作，就重点而言，主要还在于下面四个方面：其一是学业规划，由于大学与中小学在学习内容、方式方法等各方面完全不同，加上学生对大学的学科和专业并不了解，因而从学生入校开始，一线学生工作者就应当帮助学生制定相对清晰的学习规划。当然，在大学四年的学习过程中，由于学生专业兴趣等各方面的原因，也应当帮助学生深入了解学科专业、自身的优势特长及今后的发展方向，从而科学调整学业规划。其二是学业指导，尽管许多辅导员本身所学专业并非工作所在院（系）设置的学科和专业，但针对学生专业课程学习中遇到的困难与问题，可以通过组织并邀请专业课教师，就学生普遍反映的重点难点进行专业指导。其三是学业预警，因各种主客观方面的原因，有些学生专业课程学习不过关，辅导员应当及时介入和提醒学生，在这个基础上，还应当深入了解造成课程学习没有过关的主要原因，并与学生共同商讨解决办法，及时、尽早进行学业预警和帮扶，可以有效避免学生不过关课程累积到无法按时毕业，从而衍生出诸多棘手的矛盾与问题。其四是学业互帮，在整个学业帮扶体系中，发挥学生朋辈之间的互学、互促、互帮，既能达到更好的效果，也是一个有许多的平台、载体、途径、方法值得深入探索和实践创新的领域。

二要完善日常管理服务体系。日常管理工作是面向学生的常规性工作，但从人才培养和管理育人的角度而言，学生的日常管理，管的不仅仅是“事”，更重要的还在于在管理实践工作当中，通过贯彻管理育人理念、优化管理流程、规范管理制度、提升管理效能，发挥好日常管理工作帮助人、教育人、引导人、激励人的重要作用。这一管理服务体系重点在于五个方面：其一是奖助贷补工作，既要确保规范有序、公平公正地开展好评先奖优、精准帮扶工作，又要避免奖助过多过泛而难以形成正向激励。同时还要特别注意并深入探索的是，在工作谋划和具体措施中，如何真正发挥好资助育人的作用。其二是班团建设与管理，就是要通过加强班团干部队伍建设，引导班级在落实好学校相关制度的基础上，通过集体协商制定和完善有效的、切实可行的班级管理规定。尤其要发挥好先进班集体、十佳班集体评选的导向作用，促进班风学风建设，增强班级凝聚力。其三是日常行为或者说法纪管理，围绕学生遵守法律法规、校纪校规，以及到课及课堂纪律检查、公共意识与公共礼仪的规制与引导、人际关系的妥善处理等，加强日常行为规范教育、引导、管理，并严格纪律执行来培养学生的法律意识、纪律意识、规矩意识、公共意识等，提高学生素养。其四是学生社区管理，就是要突出加强文明寝室创建、学生社区文化包括“一站式”学生服务中心的建设，提升学生社区管理水平，营造良好的生活秩序和学习氛围。其五是安全教育管理，这既是一项基础性的工作，又涉及非常多内容，包括意识形态、网络安全以及交通、消防、饮食、实验室、人身财产安全等等。但重点是安全意识和基本安全防范技能的教育与培训，特别是要注重安全教育内容的模块化设计，增强教育的针对性，将之融入学生日常教育当中去。

三要完善成长指导服务体系。关于学生的成长指导，由于学生的成长涉及面确实非常宽，从广义来说，包括了学业的成长及某方面能力锻炼与提升，从狭义上来讲，主要是在为人处世及独立处理问题方面相对成熟，因而在工作实践中，一直是一个比较模糊的概念，往往认为其贯穿于学业指导、实践指导等各个方面，很难作出一个具体的区分。在工作实践过程中，对于学生的成长指导，可以从一些基本的能力培养层面来加以实施，这主要包括五个方面：其一是基本的价值观念培养，也就是为人、为事、为学的基本规范，基本的道德、文化与伦理要求，以及对于自我、他人、集体、世界的正确认知和价值判断。其二是基本的生存技能培养，部分学生俨然只是一个“学习机器”，除学习之外，吃饭点外卖、日常用品网购、出门打车导航，如果离开网络，可能连最基本的生活与生存技能都相对缺乏。因而，在大学生成长指导方面，尤其需要加强生活与生存技能方面的培养和训练。其三是基本的社会认知培养，许多学生大到对国际政治与经济、国家和社会运行复杂性的认识比较模糊，小到容易受网络诈骗、传销蒙骗、假象欺骗，乃至盲目跟风等，这实际上就是对社会结构、社会关系、社会交往行为等缺乏基本的认知及经验，需要在学生成长过程中加以培养和指导。其四是基本的心理素质培养，学生的心理成长指导，可以从心理健康教育中抽离出来，或者将其作为心理健康教育的一项重要内容对学生加强重点培养和指导。其五是体能体魄的培养，之所以将其作为学生成长指导的一部分，是因为它不仅是组织开展体育运动，更在于引导学生如何科学地开展身体锻炼和参与体育运动，如何正确地认知健、力、美的关系，多一些阳刚和青春的气息而少一些优柔寡断和拈轻怕重，多一些正确的审美观念而少一些不健康的甚至错误的审美价值取向，引导学生真正从精神、气质、体能、体魄上强健起来。

四要完善求职就业服务体系。这一工作的任务与内容指向非常明确，在日常工作中，大家都非常重视和关注。从学生工作的角度来看，也形成了从学生职业生涯规划、求职简历制作到求职技能培训，再到就业指导和就业信息服务、模拟求职就业等各个环节相对完善的系列指导与服务措施。但从工作实践而言，还有两个方面需要进一步完善，一方面，是求职就业指导的前置，一般针对学生的求职和就业指导工作，虽然前期有相应的课程，但实际上多到学生临近毕业就业时才集中开展相关的工作，低年级的学生对于职业规划、职业理想和职业领域，很多时候仍然是比较模糊的，这需要从学生入校时，将学生的职业规划与学生的专业志向、学业规划同步来推进，让学生从低年级开始对自身的职业发展有一个相对比较清晰的认知与规划。另一方面，则是求职与就业服务的精准性问题，这与强化学生的过程培养、学生综合素质能力的提升及其评价紧密相关。由于以往在学生工作实践中，学生工作者对于处在优秀与后进的学生相对比较了解，而对于处在中间层次的学生了解相对比较模糊，亦即对学生个体的综合素质能力、优势特长、感兴趣的领域等了解和把握相对有限，因而，无论是从求职和就业的培训与指导，还是从就业信息的推送等各个方面，仍然是一种“广撒网”式的工作模式，难以将提供的就业培训以及就业信息，比较精准地匹配学生的求职和就业意向及其职业胜任能力。这说明，在对学生求职与就业服务的质量和水平上还有很大的提升空间。

五要完善条件保障服务体系。在现有的体制机制与环境下，高校服务学生体系中的条件保障服务，虽然主要是围绕学生在校期间的吃、住、行等方面的生活服务，但实际上应当包括学生学习、生活、体育锻炼、休闲娱乐等方面的基本条件保障，只是受固有认知和各种客观因素的制约，条件保障服务仍然局限在食堂饮食、宿舍管理、校车通勤以及水、电、空调等基础生活设施保障、零星维修服务方面。加强服务学生体系建设，提高服务学生成长发展的质量与水平，基本条件保障与服务，不仅关系到学生吃得饱、住得好、行得稳的问题，而且通过改善环境条件与提升服务质量，在育人方面有着其独特的功能与作用。只不过，在工作实践当中，由于涉及的单位比较多，基本条件建设以及日常管理与服务方面很多时候又存在交叉，如何真正发挥好服务育人的作用还没有引起足够的重视。一个明显的例子，很能说明目前对于学生工作存在的观念差距及其现实状态，这就是学生宿舍建设、宿舍安排、宿舍管理、宿舍维修的问题。宿舍建设无疑在基建和资产管理部门，但后续的工作在各高校却有不同的管理模式，有的宿舍安排、宿舍管理、宿舍维修都归到学工部门，有的宿舍安排、宿舍维修在后勤部门而宿舍管理在学工部门，还有的宿舍安排在后勤部门、宿舍管理在学工部门，而宿舍维修方面，重点维修在基建部门、零星维修在后勤部门等，很大程度上造成了管理上的混乱，以及多部门的职能交叉和多头负责而难以协调，更难以谈服务质量与水平的问题。这反映的实际上是高校在管理或服务观念上，是以“事”即部门职能为主，还是以“人”即学生学习与生活为主。因而，在构建服务学生体系尤其是确保条件保障服务过程中，在按照学生学习环境、生活设施、体育锻炼、日常休闲4大方面来设计并完善基本条件保障服务体系的同时，要把握好以下三个关键点：其一是要从有利于学生学习生活和成长发展而不是部门的工作职能出发，来明确某一服务工作或项目的责任单位，避免多头管理、多头负责影响服务效率与水平。其二是要注重紧密结合条件建设和服务保障的具体工作，深入挖掘育人资源、发挥育人功能。比如校园环境建设，不只是单纯地种花种草种树和绿化美化亮化的问题，更应注重环境设计尤其是校园人文景观的建设；再比如，饮食服务不仅仅是食堂饭菜质量的问题，更重要的还在于发挥饮食环境与饮食文化建设等方面对学生的日常熏陶作用。其三是要在抓好条件建设和保障服务的过程中，加强对学生价值观念的引导，弘扬朴素尚俭、吃苦耐劳、尊重他人劳动、养成锻炼习惯、涵养高尚情趣等优良传统，真正形成人人、时时、处处育人的良好氛围，全面提升服务学生成长与发展的质量和水平。

综上所述，结合高校学生课外培养涵盖的主要工作，可以用“11362”来加以构建高校学生工作的基本体系，在这个体系当中，核心目标和基本理念是在宏观层面的引领，起着总揽作用；三大工作格局是属于中观层面的，也就是以往谈到的学生日常教育、管理和服务工作，实际上是上承核心目标、下接重点任务，而这正是目前在整体架构还不清晰的情况下，往往难以将其具体内涵与工作任务理清楚的重要原因；而六项重点任务则面向学生课外培养的具体实践，是属于微观层面的基础性工作。当然，无论是三大工作格局之间，还是六项重点任务之间，有许多的工作存在交叉的关系，只不过，根据内容属性进行相对区分，才能更好地把握工作的全貌，促进整体工作的协同推进。由此，高校学生工作的基本体系架构如下图所示：

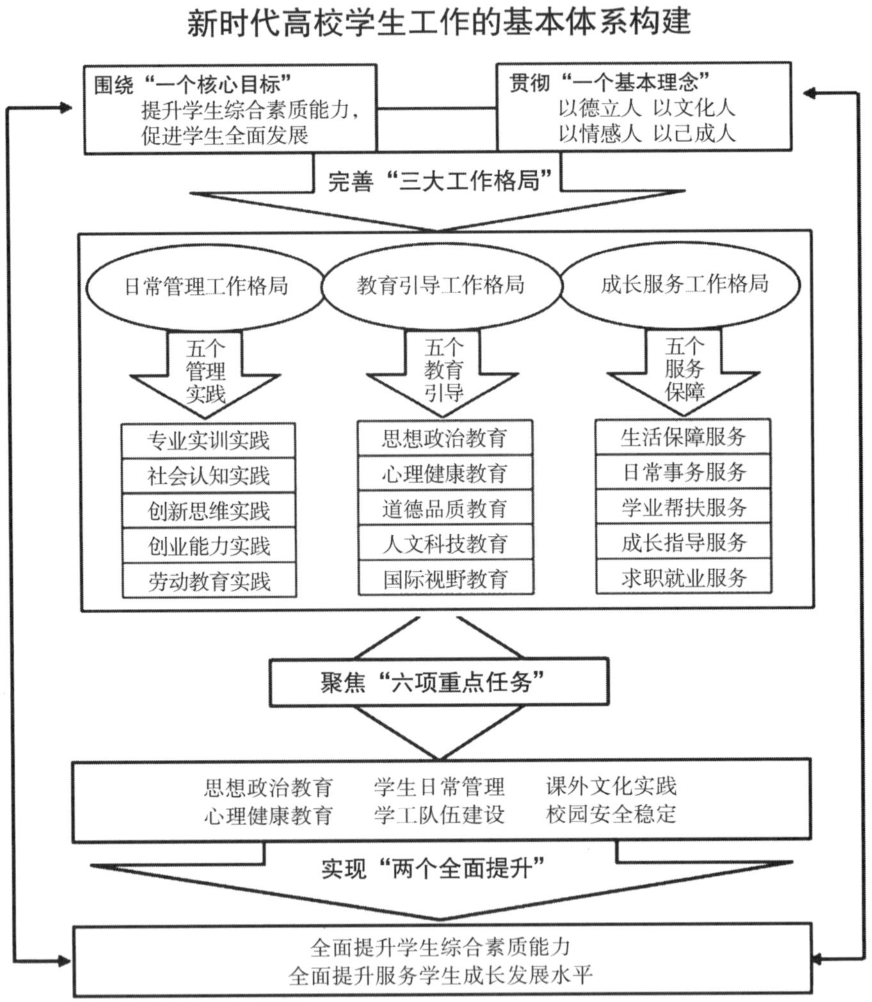

第四章

勇于开拓创新：深化管理模式与学生评价改革

一分谋划，九分落实。高校学生工作不仅涉及工作体系构建这一人才培养的宏观层面，更关系到如何把对学生的思想价值引领、成长指导服务、科学思维与实践能力培养、综合素质能力提升，融入学生的日常学习、生活与实践当中去。这需要围绕学生课外培养工作的目标任务，依据新的形势与发展要求，不断进行实践探索和改革创新，通过建立健全制度机制、搭建平台载体、创设良好环境、创新方式方法、提升管理效能，完善学生评价指标体系并发挥好评价“指挥棒”作用，加强对学生的精准培养、精准指导和精准服务，在全面提高学生整体培养质量的同时，为学生的个性化发展提供更多的途径与机会，让更多的优秀人才脱颖而出。

根据目前高校学生工作体系建设的基础，在改革过程中，尤其要注重把观念与机制、硬条件与软环境有效统筹起来，跳出事务性工作的窠臼，加快推进学生工作由“知识导向”向“能力导向”转变，将课堂培养与课外培养有机贯通起来，加快推进以由“注重事”向“关注人”转变为重心的学生分类教育管理改革，加快推进以“五育并举”为核心而不是以职能部门职责为重点的学生教育、管理和服务一体化信息平台建设，以数字教育、智慧教育和大数据分析与应用为手段，统筹学生课外文化与实践活动，强化过程培养，深化学生评价改革，为培养堪当民族复兴大任的时代新人奠定更加坚实的基础。

第一节　以强化课外培养为重点改进学生工作方法

如前文所述，之所以要着力谋划和推动高校学生工作体系的构建，主要基于两个核心和关键的考虑：其一，经济社会发展特别是科学技术的变革与创新，必然促动高校人才培养模式改革，而这一改革的趋势，就是课堂培养与课外培养不可偏废，必须把两者统筹起来、合力推进，也就是要改变目前单纯以课堂培养为主的模式，从学校整体层面，将更多的时间、力量与资源投入学生的课外培养中来。因而，从整个人才培养而不是从一两个业务部门的工作职能出发，来认知学生工作并对学生的课外培养进行清晰、科学的规划，进而构建和完善学生工作体系，是一项迫切的任务。其二，从学生工作的运行机制与实践而言，最终的任务要落脚到二级院（系），如果从学校层面缺乏顶层设计和清晰规划，二级院（系）就只能围着事务性的工作转，校、院（系）两级往往会产生脱节，造成院（系）各自为政的状态，不利于学生工作的全面统筹，更不利于对学生德智体美劳整体素质能力培养导向的有效把控。

正是基于这两个核心和关键考虑，既要加快构建高校学生工作的基本体系，以适应高等教育改革特别是人才培养改革的发展趋势，又必须对学生工作部门等业务职能部门的工作进行准确定位，以更好地促进校、院（系）两级的工作协同，有效地推动各项工作任务的落实。虽然从人才培养的视角，强调学生工作是学校的学生工作，必须正确认知并妥善处理好课堂与课外的关系，以促进学生德智体美劳全面发展来谋划学生工作并构建学生工作体系，但具体到工作分工、职能职责和推动工作落实层面，核心的职能和重点任务主要还是要由学生工作部门来承担。

尽管如此，作为业务归口部门，学生工作部门在整个学生工作体系中，除了涉及学生日常管理与服务的相关工作以外，最主要的是实施桥梁纽带和综合协调的职能。任何高校的学生工作部门，即使科室机构再健全、人员再多，也不可能按照整个学生工作体系，将六项重点任务、五大学生实践体系和五大服务学生体系等各项工作都承担起来，更无法直接去组织开展相关的学生课外文化与实践活动。所有这些工作，必须依靠二级院（系）及一线学生工作者来完成，学生工作部门的重要职能就在于协调其他单位和各二级院（系）来共同开展工作。

当然，这里所说的综合协调，协同其他单位共同开展工作，并不是目前实践中仅仅是作为某些工作的“二传手”，也就是上级部门的工作安排，或者其他单位涉及学生的相关工作需要进行安排或组织学生，就被动地协助相关单位来组织安排工作，而是必须基于学生工作的整体发展，尤其是要着眼于促进学生成长发展和综合素质能力的提升，有目的、有计划、有选择地来组织安排相关的工作与活动，既推动工作的落实，又确保学生工作核心目标的达成。这需要从学校层面完善相关的工作机制，尤其是作为业务归口单位的学生工作部门，首先要转变观念、改变现有的工作模式和改进工作方法，把工作重心和立足点放在“六个坚持抓好”上。

一、坚持抓好具体规划

由于对高校学生工作的功能定位不够清晰，在目前的工作运行状态下，从学校层面到学生工作业务部门，对学生工作普遍都缺乏顶层设计和总体规划，造成主责主业和主题主线并不是十分明确。在编制学校发展规划时，很少有高校将学生工作纳入进去，形成专门的学生工作发展规划。而作为业务归口单位的学生工作部门，虽然也有相应的年度工作计划或工作方案，但大部分还是围绕日常事务性工作制定计划。跳出事务性工作的窠臼，从促进学生成长发展和综合素质能力提升入手做好总体规划和谋划年度工作，相对来说仍然比较欠缺，这也是造成学生工作往往比较杂乱无章的一个重要原因。

坚持抓好工作规划，首先要结合人才培养实际，对接学校发展规划，来做好学生工作的总体规划及其配套方案。当然，总体规划的编制，是建立在对整个学生工作体系、重点工作任务及人才培养模式改革的趋势有比较清晰的认知与把握这一基础上的。因而，学生工作的整体规划，就应当包括基于人才培养的发展目标、重点任务、工作机制与发展举措等方面的内容。而相应的配套方案，实际上就是针对重点工作任务的细化方案或者说是具体的实施方案，其中就包括加强和改进学生思想政治教育工作、心理健康教育工作、学生工作队伍或辅导员队伍建设、校园文化与环境建设、服务学生体系及平台建设、学生实践体系及平台建设、学生工作的信息化平台建设，甚至还包括专门的网络思想政治教育工作等配套的重点工作方案。只有整体规划和具体的实施方案比较明确了，学生工作才能有方向性、指导性、系统性和可操作性，才能明确学生工作做什么、怎么做，不至于陷入被动应付的状况，也才能更好地协同相关单位共同来推进工作。当然，在做好整体工作规划的基础上，还需要聚焦重点任务和重点工作方案，结合工作推进实际、学校工作规划或年度工作计划、学生的素质能力培养等，来谋划具体的工作内容与项目设计。

二、坚持抓好培养导向

高校学生工作主要聚焦于学生的课外培养，聚焦学生课外的素质教育、实践锻炼、成长指导和能力提升，既是开放性、全方位的工作，也是基础性、关键性的任务。学生课外培养导向明不明确、目标清不清晰、规划合不合理，很大程度上决定着培养什么素质能力的学生，以及如何培养学生的这些素质能力，也最终决定了在促进学生德智体美劳全面发展方面能不能取得实效。在以往的工作实践中，对学生素质能力培养导向及规划的把控，还缺乏有效的机制与措施。根据各部门、各院（系）根据自身的工作职能及活动举办的需要组织开展相关活动，而在学校层面缺乏一个归口部门对所有的活动加以统筹和把关，导致各种课外文化与实践活动开展得非常多，看起来丰富多彩，但是并不能真正对学生某方面的素质提升与能力锻炼产生实质性的作用，乃至在整体上不能真正促进“五育并举”的平衡及全面推进，很多时候会出现畸轻畸重的情况。

由此，在学校整体层面，着眼于学生课外培养，在加强顶层设计和宏观规划的基础上，还应当建立和完善学生课外文化与实践活动的归口统筹与申请审核机制。而作为具体谋划并落实学生课外培养的学生工作部门，一项重要的职责就是要在学校学生工作委员会的指导下，协同相关业务部门，对课外文化与实践活动中哪些活动对于促进学生全面发展是必须开展的、哪些活动只是学生参与而对学生素质能力提升并无太大的实际效果的等方面进行具体把关，着力改变目前主要是以文体类、社会实践类、志愿服务类活动为主体的状况，从“五育并举”的角度，合理统筹课外文化与实践活动的项目类别、每一个项目的活动数量与质量，以更好地进行整体把关，并通过课外培养来促进学生的全面发展。

三、坚持抓好工作规范

从面上来看，以往围绕学生日常教育、管理和服务的工作，都有具体的制度和规定，这些制度规范无疑是非常重要的。但由于学生课外培养涉及的事务多、部门多，这里需要关注和重视的，不仅仅是针对事务性工作的制度规范及其完善，还应当更为注重工作安排、程序、内容及操作的规范性。

在工作安排的规范性方面，在目前的状态下，至少有上十个单位可以直接给二级院（系）党委副书记安排工作任务，这就有可能存在两个乃至更多单位下达的任务是同类型或同质化的。在这方面，应当从相关单位安排工作的方式上予以规范，即依据工作是属于学生思想教育、学生管理、学生活动、评先评优等不同的内容，与作为统筹学生课外培养的学生工作部门及其相应的科室加以沟通，来进行统筹安排，以避免多头管理、多头组织，以及上报材料、数据、信息等许多重复性、低效率的工作。

在工作程序的规范性方面，一些重要的材料、表格、数据资料等，很多时候由院（系）一线学生工作者未经党委副书记把关审核则上报，甚至由学生代劳，造成数据信息及材料传送不及时、不准确。有时二级院（系）的党委副书记都还不清楚有相关工作的安排和数据信息的上报，一旦出现问题就难以弥补，更难以溯源和归责。因而在审核把关、信息通报等工作方面必须有程序上的规范性要求。

在工作内容的规范性方面，比如学生干部及辅导员日常培训内容上的模块化设计、先进班级和文明寝室评选指标体系上的导向性等，都应当在内容上加以完善和规范，以增强工作的指导性和实效性。

在实际操作的规范性方面，比如学生日常分类教育管理、心理健康教育与咨询尤其是危机干预等，必须形成科学、合理、有效的指导性意见，加以规范指导。否则，涉及学生成长发展、身心健康、切身利益方面的工作，一旦出现实践环节上的脱节或纰漏，就有可能形成无法挽回的局面或后果。

四、坚持抓好业务指导

这项工作从表面上看似乎是不需要多讨论的工作，因为作为具体统筹和负责学生课外培养的学生工作部门，本身就应当加强对二级院（系）以及相关业务部门的工作协同与指导。但实际上，学生课外培养工作相对比较庞杂，学生工作部门不可能承担从工作安排到落实各个环节、全过程的具体任务，必须加强工作的宏观指导。而这一工作指导，既要有事务性工作的指导，也需要有专业性工作的业务指导。由此而言，作为学生工作部门，在工作的宏观指导方面，要注重抓好三个重点：

其一是日常工作指导。二级院（系）的学生日常教育、管理和服务工作的规范性与实效性，很大程度上决定了整个学生课外培养工作的基础牢不牢、效果好不好。加强日常工作指导，重在督促院系依托学生工作办公室或学生成长辅导室等平台，将学生学业指导、困难帮扶、谈心谈话、心理健康教育等各项日常性、基础性的工作加以理顺和规范。同时，还要对不同的工作如何汇聚力量来共同推进加以指导，比如在专职辅导员开展工作的基础上，针对学生的学业帮扶，可以指导院（系）更多地发挥作为兼职辅导员的专任教师以及优秀学生的作用，谈心谈话交流则可以发挥本院（系）刚退休且心有余力的老党员、老同志的力量等，既规范日常教育和管理工作，又增强工作的活力与实效。

其二是业务工作的指导。虽然学生课外培养工作都可以纳入业务工作加以指导，但这里特别要强调的业务工作指导，主要是在工作实践中涉及面比较广、专业性比较强的工作。比如，许多高校的学生班级都配备了班主任，他们在学生的学业指导、班风学风建设等方面有着独特的作用，是学生工作中一支基础的、不可或缺的力量。但就整个学校而言，班主任老师人数比较多，加之主要是专任教师，教学、科研任务重且时间不一，单靠学生工作部门组织学习培训，难以收到好的效果，必须依靠并指导二级院（系）来加强班主任队伍的建设和培训，引导班主任老师重点围绕“两思”即对学生的思想引领和思维训练，“三学”即学风建设、学习规划和学业指导，“四促”即促环境适应、促习惯养成、促人际和谐、促身心健康，“五抓”即抓日常管理、抓班团建设、抓分类施教、抓班级活动和抓创新创造来开展工作、履行好职责，使班主任队伍职责更加清晰，工作更加有力有效。再比如，随着学生心理健康问题逐年增多且成因更趋复杂，尽管高校会按照 1∶4000 的师生比配齐配强心理健康教育与咨询中心专职教师，但单靠专职教师的力量，是难以把工作做到位的。为加强工作联动、落实落细工作，就必须加强对二级院（系）辅导员、班主任、研究生导师、班级心理委员、学生朋辈队伍的业务培训和指导，提升这几支骨干力量的业务能力与水平，更好地发挥他们在日常心理疏导与互助、危机识别、动态信息掌握与沟通等方面的重要作用，共同推动心理健康教育工作的有效开展。

其三是特色工作的指导，即要在督促院（系）按照学生课外培养的目标与要求，扎实做好各项基础工作的前提下，指导院（系）结合重点工作任务，依据学院、学科和学生的特点，来谋划并开展特色工作与活动，推动学生工作质量的整体提升与创新性发展。

五、坚持抓好统筹协同

具体负责落实学生课外培养工作的学生工作部门，在工作实践中起着桥梁和纽带作用，它的一项重要职责，就是要切实抓好信息沟通、资源协同、工作联动，以促进各项工作顺利推进并达成课外人才培养的核心目标。尽管从课外培养的视角来构建并完善学生工作体系，明确了三大工作格局、六项重点任务以及五个管理实践项目、五个教育引导重点、五个服务保障内容等工作思路与重点，并且在每项工作中依据不同阶段的建设发展和学生培养，具体规划了许多细化的工作内容，但这主要是从整个学校的人才培养加以规划和设计的。要使这些规划和设计真正落实，还需要重点抓好两大方面的统筹协调。

首先是校院协同。加强工作指导和协同，推动院（系）切实按照学校总体规划来开展工作，既关系到校院两级工作上的衔接、整个课外培养模式及重点任务的落实落地，也关系到二级院（系）在做好“规定动作”的基础上，是否能有出彩的“自选动作”，进而增强整个学生工作的活力。而在整个学生工作体系下，一般而言，对于二级院（系），主要是按照重点任务、工作规范来完成日常工作与重点工作，不可能面面俱到地把学校安排的各项活动都付诸实践，而只能在大的体系框架内，选择某一活动项目类别下的某项工作任务、某个具体活动来加以推进。譬如，在开展学生思想政治教育工作中，从学校层面可能策划和安排了系列活动，但作为院（系），只需要选择其中一两个系列或一两项重点活动开展就可以了。在这种情况下，为避免各学院集中选择某一项活动来开展，达不到整体的预期效果，作为学生工作部门则应当对各院（系）的活动开展情况进行统筹和协同，既保证整体工作的推进，又照顾各院（系）的特点与开展活动的承载能力。

其次是部门协同。一方面，要注重抓好与学生日常联系比较紧密，对学生成长与发展、综合素质能力提升起着直接影响的职能部门的协同，避免工作内容、课外活动、实践项目的同质化与“空心化”。另一方面，则是以往相对忽视的，即看起来与学生课外培养不是那么密切的部门，实际上有着很大的育人资源与空间可以拓展。这就需要作为具体工作统筹与谋划的学生工作部门，从育人的角度，加强与相关部门的研讨与交流，充分开发并调动育人资源。比如，后勤部门除了生活保障服务以外，似乎与学生直接打交道不多，但实际上在包括食堂饮食服务的过程中，通过环境布置乃至建设实体体验场所等方式，加强饮食文化与餐桌礼仪、尊重劳动与勤俭节约等方面的文化、价值观念的引导与传播，也能够有效地发挥育人作用。再如，基建部门，通过开展学生面对面交流让学生了解学校基本建设历程、发展现状与未来规划，与相关院（系）联合举办建筑文化节、建筑艺术节等多种活动，同样能够在增进学生与学校之间的沟通以化解相关矛盾、加强学生课外专业实践能力训练和提升学生的建筑文化与艺术素养等方面发挥育人功能。

六、坚持抓好督查考核

工作的督查和考核是相辅相成的，工作督查必须有重点、有方式，考核必须科学、客观、全面。很多时候，督查的重点内容与任务实际上就是工作考核的核心指标，是为了促进重点任务的落实，而平时基于重点工作与任务的督查，就是考核的一个重要手段和依据。高校学生课外培养工作涉及的面广、事务多、单位多，作为具体负责学生工作的部门，在做好规划、制定规范、加强指导的基础上，有些部门的业务性工作必须一抓到底、认真落实，而有些是涉及部门相互协调尤其是校院两级联动的工作，则要利用好督查与考核的机制，推动工作的落实落地。

涉及部门相互协调尤其是校院两级联动的工作督查，主要是三大方面：一是日常工作的督查，包括学风建设、日常管理和思想政治教育等工作的日常督促检查。在日常工作督查中，有一些是需要进行经常性检查的，比如，学生宿舍卫生、寝室纪律特别是夜不归宿学生、宿舍与实验室等公共区域消防安全等。而有一些是需要定期或不定期开展督促检查的，比如，前面所讨论到的学生到课率和课堂纪律，这是学风建设的一项重要内容，也是日常管理的一项重要工作，但如果把学风建设窄化为单纯地抓到课率和课堂纪律，为提升到课率而让一线学生工作者每天都围绕课堂转，到课堂进行检查，学生工作的重心就会偏离，也容易使专任课教师和学生与一线学生工作者之间形成对立和产生矛盾。这一类的工作，尽管非常重要，但不宜过于密集，可以按季度或学期组织一线学生工作者进行集中检查，同时也可以利用多媒体教室的视频系统进行抽查，既避免矛盾、提高工作效率，也能够达到促进工作的目的。二是业务工作的督查，这主要是涉及一些规范性、专业性的相关工作，比如，对二级院（系）依托学生工作办公室或学生成长辅导室，明确日常教育管理工作内容，规范和细化工作制度机制，有效整合和组织力量来有序、高效地开展学生日常教学管理的督促检查。再比如，对二级院（系）是否按照规范、要求和程序切实开展心理健康教育工作，做到底数清楚、操作规范、责任明确、“四早”要求落实有力、档案资料齐全并妥善保管等方面开展督查，增强工作的针对性和主动性等。当然，对于这些业务工作的督查，也不宜过于频繁，要在抓好日常工作指导和通过专业化、团队化建设提高工作质量的基础上，把每季度或每学期的定期督查与重点院（系）的专题督查相结合，达到以专业指导、定期研讨来解决问题、促进工作的目的。三是专项工作的督查，这主要涉及上级专项工作的督促检查，比如，对上级和学校安排的主题教育、主题活动等专项工作，以工作督查来加强指导和推动工作落实；对家庭经济困难学生的认定、奖助贷补、评先推优等涉及学生切身利益相关工作，根据任务安排和时间节点及时加以督促检查，以确保工作的规范性和实效性。

工作的考核是一个重点也是一个难点，但工作业绩考核往往起着“指挥棒”的作用，考核内容和指标体系设计的科学性、客观性、合理性和可操作性，很大程度上影响到学生工作整体思路和规划能否得以有效贯彻、重点任务是否能够落实。作为具体推动学生课外培养工作落实的学生工作部门，必须协同相关业务部门制定好业绩考核方案及指标内容体系，发挥好这个“指挥棒”的作用。抓好工作业绩考核，要把握好三个关键点：一是要注重考核指标体系的科学性和客观性，尤其要避免单纯以学生的学业成绩来代替学生工作业绩，而应当以学风建设、学生课外培养的成效为主要考量，合理设计考核指标体系。二是要注重分类考核，对于院（系）学生工作业绩以及院（系）党委副书记、学生工作办公室主任、团委书记、研究生辅导员和其他一线辅导员，根据不同职能职责，在考核基础工作的同时，必须针对不同类别、工作性质和岗位要求，设定相应的指标加以分类考核，确保考核的科学性，更好地发挥业绩考核的激励、约束作用。三是要注重业绩考核结果的有效运用，必须把业绩考核的结果与津贴分配、在职攻读博士研究生推荐、晋职晋级、干部提拔推荐等有效衔接，形成鲜明的导向，既有利于推动重点工作任务的落实，又形成正向激励，激发队伍活力和学生工作的创造力。

随着经济社会发展、科技进步，对高校人才培养的质量不断提出新的更高的要求，在工作实践中，以学生工作部为主的具体落实学生培养工作的业务部门，除了要把握好以上六个方面的基本工作方法以外，还必须根据学生培养的实际要求、学生的特点和实践工作的发展，不断总结、探索和创新工作方式方法，拓展和丰富平台载体，以更好地推动高校学生工作的高质量发展。

第二节　以增强素质能力为核心创设良好育人环境

学生课外培养是全景式、全方位的，基于学生成长与发展、素质能力的培养，在学生工作实践中，不仅仅是工作的规划、项目的设计、具体实践活动的组织开展，也不只是主题班会、专题讲座乃至几节文化素质教育课就能够解决的，还必须把通识教育、人文和科学素质教育、现代意识与国际视野的教育融入日常教育、管理和服务工作当中去，充分发挥育人环境对学生潜移默化的教育引导作用。

在这方面，许多高校都非常重视。但是，由于学生教育、管理呈现的多向性、复杂性和交叉性，在没有完全厘清学生工作的整个体系架构、重点任务、方法路径的前提下，也就很难将环境、氛围、实践相对区分开来。因为育人环境本身是一个相对宽泛的概念，举办课外文化与实践活动，从本质上来看，就是在创造一个良好的育人环境、营造一种浓厚的育人氛围。然而，从学生工作的体系建设，或者从推动学生工作的实践及其实效来说，着眼于不同的角度、不同的侧面来谋划和落实相关的工作内容，就会有着不同的育人功能。从这个视角而言，组织开展某项具体的课外实践活动，直接影响和作用于学生某方面素质能力的提升，虽然对于整体育人环境与氛围起着重要的作用，但如果不能有意识地对育人环境与条件建设进行谋划和设计，这种作用可能是有限的、零散的。因而，将育人环境建设从学生工作体系各项任务中抽离出来加以规划，切实发挥其潜在功能，对于把学生素质能力培养真正融入日常教育过程当中去，仍然有着重要的作用与意义。

由于育人环境本身具有相当宽泛的内涵与外延，在整个学生工作体系中，相对区别于思想政治教育、日常事务管理等学生课外培养的重点工作内容与具体任务，实际上主要属于学生工作体系中的教育引导工作格局这一中观层次，它需要从整个学校层面来加以规划并推进建设。而从整个学生工作体系构建而言，这一规划和建设重点集中在校园环境的气质熏陶、大学文化的品质涵育和实践体验的素质提升这三大方面。

一、发挥校园环境与氛围对学生气质的熏陶功能

梅贻琦先生就大师与大楼之于大学的意义进行阐述时，曾精辟指出："所谓大学者，非谓有大楼之谓也，有大师之谓也。"高校办学治校从根本上而言，核心要素还在于人，即拥有一批学养深厚、师德优良的教师，培养一批德才兼备、素质过硬的学生。当然，无论高校的办学规模和占地大小如何，校园的建设、环境与氛围很多时候所折射的是一所大学的办学理念与传统，所体现的是人文与科学精神的厚重感。而这种理念、传统和精神，又会对生活其中的人即高校的师生，产生一种无形的影响，塑造具有某种独特气质的学生。因而，建设具有一定格调和清静高雅的校园环境，对于学生的日常教育起着重要的作用。在校园环境建设的过程中，要注重处理好三个方面的基本关系。

一是要注重校园基本建设传统与现代的关系。梅贻琦先生论大楼与大师，只是强调哪一个更重要，并不是说大学不要建大楼。只不过，作为大学校园环境中可触摸、可视化的基本建设，在传统与现代的建筑风格之间，要注重格调和品位，体现出一所大学应有的学问之所、创新之地、人才之源的精神气质。高校都有不同的学科和学院，传统基础学科、应用学科以及新兴学科、交叉学科，都有着各自的风格与特质。因而，在校园规划和建设过程中，应当充分考虑学校的办学传统、学院和学科的特色，既体现学科和学院的历史积累，又彰显面向未来的发展态势。在这里，由于我国高等学校的发展与经济社会发展一直存在高度互

动的紧密关系，或者说，由于我国现代高等教育起步相对较晚，原本在思想、文化、价值、科研创新力等方面应当全面引领经济社会发展的功能，还未能得以充分发挥，甚至是处于“追随”和“适应”经济社会发展的态势与速度下，作为大学的独特性与独立性难以彰显。因而，在人们的印象中，高校只是作为“服务”经济社会发展而存在的，其“引领”功能在现实层面还缺乏足够的力量支撑，在观念层面也就降低了预期。这造成的一个现象是，人们普遍认为高水平、有实力并通过在那里读书真正能改变命运的高校，就应当办在大城市当中，家长和学生，宁愿选择一个办在现代大都市的、办学水平可能一般的高校，也不愿意选择办学实力相对较强而办在非省会、非一线城市或非经济发达地区的高校。相对集中在一线大都市、省会城市的高校，由于人多地少，加上生活水平的日益提高、科学技术的突飞猛进，在校园基本建设中对于传统和现代的风格，往往难于取舍。但即便如此，也需要注重彰显高校作为学术殿堂、人才培养高地的神圣感，既要有现代气息，又要根据学校、学科的办学传统与特点，突出其历史传承性，以便在整个校园建设中，适当地将传统与现代有机统一起来，在跟上现代化发展步伐的同时，也善于“闹中取静”，着力葆有大学的身份特征。这对于让师生不脱离经济社会发展，有着现代性的视野，也对师生保持作为大学人的淡泊与宁静有着潜在影响。

二是要注重校园人文景观固旧与立新的关系。高校在校园基本建设中，均非常重视山水校园、智慧校园、平安校园的规划与设计，也都非常注重人文校园建设。校园人文景观，既让置身其中的人有一种直观的感受与体验，又在很大程度上体现出一所高校的历史底蕴、办学传统、精神传承与人才培养理念。而这种历史、传统、文化、精神和理念，对师生起着独特的浸润、涵养和导引功能，以至成为人才培养不可或缺的一部分。在校园人文景观的规划和设计中，要体现现代化的创新气息，更要注重历史、文化与精神的传承以及理念的传达。也就是说，追求现代化的理念设计和景观建设，不单纯是建设一些长廊、亭台水榭和休闲场所，还必须考虑校园建设特别是人文景观的育人功能。多数高校，尤其是办学历史相对较长的高校，在现代化发展过程中，往往容易忽视固旧与立新的关系。比如说，办学历史上的名人名家住过的宿舍、上课的教室乃至栽种的树木等，在很多时候与其为人为事为学的故事相结合，能够对学生起到非常重要的教育、启迪与激励作用，但由于高校的宿舍楼、教学楼的建设需要，常常没能有意识地适当加以保留。校园里年代相对久远的树木、亭台池阁、有象征意义的场所等，也由于基本建设的现实需要难以保存下来。而这些恰恰是曾经在学校求学时许多校友的集体记忆，对于学校的精神传承和凝聚力的提升，有着非常重要的意义。因此，校园人文景观建设，必须避免在大拆大建中忽视这些场所的潜在功能，将固旧与立新统筹起来，即使出于发展需要，也应当考虑将部分具有历史沉淀、凝聚着某些特殊集体记忆、有着独特人文价值的场所适当加以保留，或者在人文景观的设计中，以“场景再现”的方式进行某些“复原”，以唤起曾经生活于此的人的校园记忆与深厚情结，并激发当前身处其中的人对于学校传统、名人名家的内心自豪、精神皈依并躬身实践。

三是要注重校园功能分区实用与功用的关系。高校的环境与氛围，由多重因素组成，就校园基本建设而言，生活区、教学区、实验区、运动区、休闲区、学术交流区、创新创业区、大型活动区等，是应当有其相对的功能分区的。办学历史相对较为长久的高校，在早期由于学校规模不大、师生人数不多，这些功能分区是比较清晰的。随着高等教育从精英教育向大众化教育的转型，高校办学规模成倍乃至上十倍增长，校园面积不断扩大，宿舍楼、教学楼、实验楼等基本建设也随之扩大，在既有的建设当中，是很难按照清晰的功能分区进行重新规划的，所以往往处于一种相对杂糅的状态。在办学规划快速扩展的情况下，不仅无法进行相对清晰的功能区分，而且很多时候只能优先保证基本的住宿、教学和实验室安排。然而，即使由于各种因素的制约，造成校园功能分区趋向实用化，但仍然需要最大限度地从功能分区来考虑环境与氛围的建设对于学生的熏陶与引导功用。比如，在学生宿舍安排方面，考虑学生住宿地点与教学楼或实验室等建筑之间的距离，尽可能地做到相对合理；在学生宿舍建设的同时，充分考虑学生的日常生活所需、运动场地、文化活动及休闲场所等，以尽可能地营造良好的日常生活条件、学生社区文化环境、学生交流与交往的和谐氛围，充分发挥服务学生及其环境氛围的育人功能。

二、发挥大学文化与精神对学生品质的涵育功能

具有自身特色的大学精神文化的形成过程，是一所大学不断地记载和延续学校的办学传统、学术传统和文化精神的历史过程，是一个通过不断地积累和沉淀、传承和开拓，从而造就学校所特有的精神品格和科学、人文内质的过程。这种精神品格一旦形成，对于营造一种有生气、有活力、宽松和谐、开拓奋进的校园文化氛围，推动高校的改革、发展与创新，将产生内在的积极影响，在培养高素质人才过程中发挥着独特的功能与作用。但这种作用的发挥，只有将大学精神融入大学发展和教育教学实践中才能充分彰显出来。因而，发挥大学精神在人才培养中的导向、激励和凝聚功能，必须与人才培养实践有机结合起来，通过对现代大学精神的不断传承、开掘与弘扬，着力培养高素质创新型人才。

一要在人才培养上遵循大学精神基本内涵的原则与要求，在突出学生主体地位的教育实践中激发学生潜力。教育的本质，归根结底在于引导和帮助受教育者充分发掘并释放自身的潜能。正如著名教育家鲁洁指出的，虽然存在一种外部施加影响的过程，但教育的主题应是促进、改

善受教育者主体自我建构、自我改建的实践活动过程。所以，大学教育的本质与大学精神的基本内涵是相一致和统一的。大学精神所强调的独立，不仅指大学的办学自主权，而且包含对师生独立人格的尊重和独立个性的维护与培养；所强调的自由，不仅指学术研究上自由宽松的学术环境和对于真理真知的自由探索，而且注重师生在自主创造、自由探索的不断进取中来实现自身的自由全面发展；所强调的民主，不仅指不同教师或不同学派在思想交锋与学术争鸣中摒弃非学术权力的干扰和学术压制，而且更要求教师对学生学术探索精神、学术思想与观点的鼓励与包容，并要求大学管理中各种事务都要公开、公平与公正。由此而言，积极开掘和弘扬大学精神来培养高素质人才，必须把现代大学精神所蕴含的这些基本的精神、原则与要求，贯穿于教育实践当中，坚持以人为本，突出学生在教育中的主体地位，在尊重学生的身心特点、个性特点、思维特点和兴趣爱好的前提下加以引导，在专业教学中更多地采用激励式、研讨式、启发式的教育方式方法；在学术研究中更多地采取引导、鼓励与宽容的态度；在学生管理中更多地采用学生自我教育和自我管理的方式；在学生活动中更多地支持和鼓励学生自主开展创造性、创新性的文化与实践活动，从而更好地挖掘和激发学生的潜力，促进学生的全面发展。

二要围绕弘扬大学精神加强整体设计与塑造，在观念和制度建构过程中为学生实践现代大学精神提供规范。大学精神是大学价值与理念的浓缩与体现，现代大学精神的开掘与弘扬，必须首先着眼于大学发展的内涵和人才培养质量，适时更新并树立起先进的教育思想观念，在教育价值观上真正实现从社会本位向社会发展和个人发展相统一转变，在教育发展观上实现从急功近利向追求可持续发展和科学发展的转变，在教育质量观上实现从片面知识观向素质主导的多元化质量观的转变，等等。而在这一过程中，尤其要坚守和弘扬作为大学精神核心理念的学术至上观念，以营造宽松、浓厚的学术文化氛围，提升学术理想、学术信念、学术追求所构成的软环境，为学生的学习、研究乃至为人处世确立可供遵循的规范。同时，要通过体制机制的创新，推动现代大学制度的确立与完善，理顺和规范大学与政府的关系，逐步扩大大学的办学自主权，理顺和规范大学与社会的关系，实现学校与社会的良性互动，特别是要理顺和规范大学内部的治理关系，把注重实践经验价值和目标任务的经验管理、强调制度有效性和行为规范化的科学管理、依托独具特色的核心价值观念来凝聚和激发潜力的文化管理有机结合起来，推进学校内部管理创新。在整个观念与机制建构的过程中，要围绕现代大学精神开掘与弘扬，通过大学章程的确立、办学传统的凝练，以及反映学校精神与文化理念的校训、校歌、校徽、行为规范、标志性建筑乃至整个校园人文环境的形象设计与塑造、制度规范的建立、学校人文内涵的阐释等等，为学生践行现代大学精神提供科学的价值与行为规范。

三要积极构建完善的校园文化体系，在打造体现办学特色和地域文化特色的校园文化中提升学生素质。大学校园文化是大学精神得以不断传承、开掘和弘扬的重要载体，大学精神的彰显及系统地发挥其作用，必然要求推进体现办学特色的校园文化的体系化建设。就普遍而言，围绕弘扬现代大学精神，完善校园文化体系，发挥文化育人功能，首先，要注重在精神文化、物质文化、制度文化和行为文化整个体系构建中提升“四个品位”。即体现时代性，提高思想品位，以科学的思想、理论、价值观念构筑学生的精神支柱；体现学术性，提高学术品位，倡导科学方法，弘扬科学精神，培养学生的学术兴趣和研究能力；体现人文性，提高艺术品位，充分挖掘学校办学历史传统及地域文化特色，提高学生的文化艺术素质，培养学生真善美的高尚情操；体现创造性，提高创新品位，培养学生的创新创业精神，提高实践能力和创造能力。其次，要注重以大学精神为总揽的校园文化体系的层次化建设，使综合性文化、学科专业性文化、特色文化等三种类型的文化活动相辅相成，校级文化、班级文化、寝室文化等三个层面的文化活动互为依托，大众文化、精英文化、学术文化等三种风格的文化活动百花竞放，并着力将现代大学精神融入不同层次的文化活动中去。再次，要在彰显办学传统与特色的基础上有效整合地域文化资源，提升和涵养现代大学精神内容，并将学校精神传统与地方文化特色有效地融入学生入学教育、党团活动和校史校风教育等活动之中，拓宽学生深刻把握、体验和践行现代大学精神的途径，增强大学精神与校园文化的吸引力、感召力和凝聚力，提升学生的综合素质。

三、发挥体验场所与空间对学生素质的提升功能

校园环境与氛围、大学文化与精神，对培养学生的精神气质，有着重要的潜移默化功能。然而，对于学生的思想、道德、价值、观念、行为的教育和引导，也还必须有相应的物理空间与场所，让学生在浸润式的实践体验与锻炼中，有更为形象和深刻的自我体悟。在实践工作过程中，常常会遇到的现实问题是，针对某项专题教育工作，比如近年来学生中频繁发生的校园贷、网络诈骗和电信诈骗等，单靠开主题班会、举办专题讲座等“灌输式”的教育，学生可能不会有深刻的体会，难以从思想认识层面引起高度警觉，总觉得离自己还很远，一旦遭遇诈骗，则缺乏应有的防范意识。因而，在日常教育中，围绕“五育并举”，着眼于学生综合素质能力的提升，在校园内规划和建设一定数量和主题的实践体验场所或教育基地，对于将学生的素质和能力培养真正融入日常学习与生活、提高教育引导的针对性，有着重要的作用。而要发挥好实践体验场所与空间对学生素质的提升功能，则需要抓好三个方面的基础工作。

一要抓好总体设计。学生主题体验场所或实践教育基地的建设，是

相对区别于以往所理解的文化活动场所，更具针对性并突出其主体功能的，亦即主要针对学生基本价值、道德、素质和能力提升。比如，为增强学生对于党史、新中国史、改革开放史、社会主义发展史、中华民族发展史的学习和把握，设立“五史”学习教育主题体验馆；为弘扬和传承中华民族优秀传统文化，设立国学研习与传承主题体验馆；为加强学生法治教育和弘扬法治精神，设立法治建设与法律文化主题体验馆；还有诸如生态文明与美丽中国建设、公众文化与公众精神、现代科技与文明、生命与安全教育等主题体验馆。当然，在这些实践体验场馆的规划与建设中，要把握并着重突出“三性”：突出基础性，即对于思想与道德、人文与科技、历史与现实的基本知识与素质的培养；突出普遍性，即面向所有学科和专业加强人文、历史、科技、哲学等方面的知识普及；突出引领性，即通过实践体验来教育、启发并引导学生内美修能、弘道启智、涵养人文与科技素养，并切实躬身践行。

二要完善运行模式。对于起教育和引导作用的主题实践体验场所与空间而言，要真正融入学生学习、生活的日常，其规划、建设与运行，需要把握三个关键点：其一是宜分散不宜集中。许多文化与体育活动场所的建设，往往相对比较集中，但专项的主题实践体验场所，重在日常浸润，如果多个场所集中设立，日常教育与受益面就会大大缩小。因而，要抓好每个主题体验场所的合理布局，以便充分发挥不同场馆的独特教育功能。根据高校自身的特点，将实践体验场所分别置于不同院（系），并将这些场所的建设与院（系）的办学历史、学科特色、优秀人才等文化与学风建设有机统筹起来，由此，学生在进入主题体验场所进行实践教学的同时，可以受到不同院（系）学科、专业及文化、学风等氛围的熏陶，无形当中拓宽学生的知识面。其二是注重全时段贯通。即不仅每年在新生入学时组织学生到每个场馆进行实地学习体验，而且要充分利用班团干部和学生骨干培训、党团培训和主题党日、主题团日以及重要节日，将组织学生到主题体验馆开展教育和体验活动，纳入培训和学习的实地教学环节来加以强化和约束，确保场馆日常教育功能的有效发挥。其三是要健全学生自主管理和预约体验的机制。由学生工作部门和相关院（系）协同，组织遴选优秀学生组建场馆日常管理、志愿服务和专题讲解队伍，以学生班级、党团支部等团体预约的方式保证场馆的有序运行，通过发挥学生的主体性、主动性，扩大从大一到大四对学生进行教育引导的覆盖面，并让学生在参与场馆管理、志愿服务和义务讲解过程中有更加深刻的体验与领悟。

三是强化互动体验。我们常常讲“实践出真知”“纸上得来终觉浅，绝知此事要躬行”，在校园基本建设特别是课外培养中，建设主题实践体验场馆的根本目的就是要将大学生文化素质教育等课堂教育内容，通过课外的实践体验式教学，使学生有更加深刻的感受与感悟。因而，规划和建设主题实践体验场馆，必须注重让学生能够切实地参与其中，有一种“身临其境”的互动参与、沉浸式的现实体验，以增强教育引导的实效。这一方面，要求在内容的设计上，除了基本知识的模块规划以外，要针对教育内容，通过能够让学生参与互动答题，情景模拟体验，演练操作乃至内容资料的收集、积累与更新等环节的设置，增强现实体验感、参与感。另一方面，要充分利用科技与信息技术手段，建设数字化体验场馆，既有效突破物理空间的限制，又能够更好地运用虚拟仿真技术实现互动体验，并根据新的实践发展和教育要求，及时更新场馆数据资料、知识内容、案例题库，以更好地发挥场馆的育人功用。

第三节　以优化过程培养为基础加快信息平台建设

在信息技术迅猛发展的新时代，高校学生工作不仅要善于利用信息化手段来优化管理流程、提高工作效率，而且应当着眼于学生的能力锻炼和全面发展即学生的课外培养，来架构整个信息化平台，以更好地统筹课外文化与实践活动，强化过程培养和提升学生综合素质能力的导向。

就实践来看，许多高校的信息化建设起步比较早，也取得了一定的成效，但发展到今天，可能存在诸多的瓶颈制约。症结就在于，以往信息化建设的观念和思路，主要是围绕部门工作职能和工作任务内容来构建的。比如，学生工作信息化平台，大多是根据“事”即学生工作的相关通知通告、学生工作动态、家庭经济困难学生认定等管理层面的工作。这往往造成两大方面的问题：一方面，尽管看起来是信息化建设，但仍然还只是停留在类似于OA办公这样一个比较低级别的层面，涉及学生的或专项工作方面的数据和信息，因缺乏科学的分类和必要的集成，非常散乱，即使有些生成了相关数据，也都因失去效用而无法进行分析与应用。另一方面，由于高校各部门、各单位都是根据自身的职责任务来架构信息子系统，各自的数据和信息处于散乱状态，且各子系统之间又存在壁垒使数据和信息无法共享，从而形成了一个个“数据孤岛”。这两大问题的存在，导致有效的数据和信息积累不够，连基本的数据应用和信息共享都难以做到，更谈不上进行大数据的分析与应用，信息化建设也就严重滞后于信息技术的发展和高校人才培养的需求。因而，充分利用信息技术推进学生工作改革与创新，着眼于课外培养体系，在谋划和构建以学生教育、管理和服务为重点的一体化信息平台建设的实践中，必须通过进一步转变观念、明确思路来重新进行科学的设计与架构。

一、学生课外培养一体化信息平台建设的基本思路

高校是围绕“事”即管理部门的职能，还是围绕“人”即师生主体，来架构信息化平台，是完全不同的两种观念与思路。实际上，高校的所有工作，就是围绕两大群体来开展的，一个是教师群体，一个是学生群体。在现有大多数以“事”为着眼点来构建信息化系统的情况下，“人”即师生必须适应部门的工作，按照部门的工作要求来提交个人数据和信息，每位师生的个人数据与信息分散在不同部门的子信息系统中，而当师生需要相关信息时，只能到不同部门的信息系统中去找。比如，教师要申报职称或人才工程，教学工作量的核定要到教务系统中找，科研项目与成果要到科研系统中去找等，既使管理效率低下，又造成无效的、无法应用的数据在整个信息系统中的大量积集。而对于学生来说，普遍的现象是，个人的数据和信息更加碎片化，许多学生到毕业，除了课业成绩有一个完整的数据记录以外，在校期间的成长发展轨迹及取得的成果，缺乏一个比较完整的记录。在这种情况下，要想对学生情况有比较全面的掌握并及时给予精准的指导、对学生的综合素质能力进行比较科学客观的评价，也就无从谈起。

教育信息化、数字化的发展对人才培养特别是深化学生教育、管理与服务改革提出了新的更高的要求，迫切需要突出学生主体，充分运用信息技术和大数据分析来优化日常管理、强化过程培养，进一步增强学生教育、引导和服务的精准性、针对性：一是学生日常管理和服务效率亟待提升。涉及学生的许多日常工作，如各项评先推优、奖助学金评定等工作，由于缺乏学生个体数据和信息的积累，都是自下而上，从个人

到班级、学院、学校通过层层填表、审核来进行，造成大量的重复性工作，效率低下。二是学生过程培养和能力素质导向亟待强化。由于没有充分运用信息化手段，对于课外文化实践活动和学生课外能力素质锻炼，一方面难以统筹，各级各类活动非常零散、随意性大且同质化严重，对活动实效尤其是对学生素质能力是否真正起到了促进作用很难加以效果评估，提升学生综合素质能力导向的强化比较困难。另一方面，从组织开展课外活动与学生参与度来看，不得已“摊派任务”和“拉人头参与”现象严重，难以激发学生参与课外实践锻炼的积极性和主动性。三是加强对学生的精准指导亟待客观信息数据支撑。由于客观数据积累的缺乏，目前对学生日常教育引导、能力锻炼和课外指导仍然比较粗放，对学生基本情况尤其是动态发展状况难以实时掌握，对于优秀学生和后进学生关注得比较多、情况比较熟悉，而对于处在中间层次的70%至80%的学生，其成长发展动态情况则相对模糊，难以实现根据不同特点对所有学生给予精准指导。四是学生综合评价改革亟待大数据技术的赋能。由于缺乏学生教育、管理和服务一体化信息平台的支撑，除了专业课程成绩单以外，学生从入校到毕业，没有一个反映学生在校期间成长与发展的完整数据记录，难以对学生能力素质进行“精准画像”和全面客观的综合评价，亟须通过建立和完善学生基本数据信息平台来支撑并进一步深化学生评价改革。

正因如此，着眼于促进学生德智体美劳全面发展，既要加快推进信息化建设，又必须转变观念与思路，从“关注人”而不是“注重事”来重新构建学生教育、管理和服务一体化信息平台。换句话说，在基本思路上，推进学生课外培养一体化信息平台建设，一方面，必须以学生为主体，从每位学生的课堂专业学习到课外成长发展的全程记录着眼，设计能够全面反映学生成长轨迹与发展成效的主要项目内容，以确保每位学生在校期间都有一个比较完整的数据记录。另一方面，不是由学生来适应相关业务部门的工作，而是相关业务部门的工作要围绕学生来开展，即本部门所形成的、与学生相关的数据与信息，应当及时流向并汇聚到每一位学生的个人数据和信息的有效记录当中去，以便形成学生个体的有效数据积累，进而便于对学生成长发展动态、综合素质能力进行大数据分析与客观评价。

二、学生课外培养一体化信息平台建设的主要原则

按照以学生为主体来推进一体化信息平台建设的思路，科学设计和构建系统和平台，最终的目的就是要强化学生综合素质能力培养的导向性与实效性，把立德树人根本任务落实落细。同时，通过对学生在校期间的成长发展记录特别是参与课外文化实践活动、取得的成绩进行数据积累和大数据分析，为学生学业发展与个人成长提供更加精准的指导和服务，增强学生教育引导的针对性、精准性和实效性。因而，构建这一信息化平台，要注重把握好以下几个原则。

一是要有利于优化过程培养和学生实践锻炼。着眼于促进学生全面发展，围绕“五育并举”，通过对信息化模块及项目类别的科学规划与设计，特别是对提供给学生选择参与活动项目实施效果的反馈和整体分析，不断优化活动项目、实践内容与实施方式，为促进学生成长发展、提升学生综合素质能力提供更加优质的平台、活动与载体。

二是要有利于学生综合素质能力的评估。通过科学设计活动模块与项目并形成学生参与项目的有效记录，对每位学生参与活动类别、频次及取得成绩进行大数据分析，形成较为全面和客观的“能力素质画像”，更有效地掌握学生学习和成长状态，深度分析学生的兴趣、优势、特长所在，以及在能力素质方面存在的短板弱项，便于对学生进行针对性培养。

三是要有利于对学生成长发展进行精准指导。通过信息化平台对学

生日常生活如到课率、图书馆阅读、宿舍门禁信息、食堂消费等情况形成的数据进行分析，增强日常教育引导实效。同时，通过对学生选择参与活动的偏好及成效等方面的大数据分析，更加精准地掌握学生的创新创业能力、职业生涯倾向及适合岗位等方面的状况，便于对学生成长与发展、就业能力和社会竞争力的提升提供更加有效的指导和信息服务。

四是要有利于提高学生日常管理工作的效能。通过信息化平台，相关业务部门、学院和辅导员可以随时掌握每位学生学习与成长状况，更加及时和精准地发现、培育学生优秀典型，促进校风和学风建设，增强学生教育引导的针对性。特别是通过对学生参与课外文化实践活动及取得成绩的数据进行有效利用，提高学生评先、评奖、评优等日常工作的精准度和管理服务效率。

三、学生课外培养一体化信息平台建设的总体架构

基于学生工作的核心目标，即促进学生成长发展和提升学生综合素质能力，而不是单纯的日常教育、管理与服务工作，来构建学生课外培养一体化信息平台，以往以日常管理为主的平台功能将大大弱化，其主要的功能将转向强化学生的过程培养和综合素质能力提升。由此，这一信息平台大致可以由三大模块组成。

一是以处理日常事务为主的管理模块。尽管这一模块的功能将被弱化，但信息传递、日常事务办理等线上办公的功能，仍然是不可或缺的。当然，在设计这一模块时，除了相关的政策法规、规章制度、思想政治教育工作动态、奖助学金评定、评先评优、请销假办理等日常事务必须有清晰的栏目与流程外，还要能够充分利用学生日常学习、生活、锻炼等基础数据信息，对涉及学生的生活动态、人身安全、重要活动轨迹、行为偏好等重点管理内容及时进行大数据分析，以促进管理效能的提升和增强学生日常管理的有效性。

二是以强化过程培养为主的“第二课堂”模块。与以往传统的以部门职能为主来架构的信息系统相区别，基于学生课外培养谋划和设计的“第二课堂”，作为学生课外培养一体化信息平台的核心模块，主要围绕“五育并举”来进行重新设计，统筹思想引领、成长指导、学业发展、创新精神培育、就业创业能力提升等综合素质能力培养，一体推进以过程培养为导向的旨在为学生提供项目更加多样、结构更加完备、参与更加规范的综合素质能力提升实践活动项目平台和以结果为导向的数据更加丰富、指导更加精准、评价更加科学的学生综合数据信息平台。通过科学设置“第二课堂”人才培养体系模块与课外文化实践活动项目，完善学生参与课外锻炼的激励和约束机制，强化学生综合素质能力培养导向，提高引导和服务学生成长与发展的精准度，激发学生学习和锻炼的内在动力，推动学生评价由单一评价向综合评价转变，促进学生德智体美劳全面发展。

三是以增强互动交流为主的成长服务模块。紧贴学生学习、生活、成长、发展实际，加强学校、部门和老师与学生之间，以及学生朋辈之间的交流互动，为学生提供便捷的生活保障、学业发展、成长锻炼、创新创业、升学深造、求职就业等方面的交流、指导信息服务。

四、学生课外培养一体化信息平台的基本框架设计

在整个学生课外培养一体化信息平台建设当中，虽然总体架构由“管理模块”“‘第二课堂’模块”和“成长服务模块”这三大板块构成，但原来以信息化手段来进行“管理”的功能模块及其技术实现手段，实际上已经比较成熟，而成长服务模块随着日常事务性工作的变化，也将是一个动态变化的调整过程。由此，相对于专业教学课堂而言的“第二课堂”，如果从高校人才培养主要是课堂和课外两个场域来看，它实际上涵盖了整个学生课外培养的关键环节，必须作为学生课外

培养一体化信息平台的核心来加以谋划和设计。因而，在这里所讨论的学生课外培养一体化信息平台建设的基本框架，主要侧重于对“第二课堂”的内容框架设计。

对于“第二课堂”，最早是由全国学校共青团研究中心指导开发的多终端校园应用程序“到梦空间”，作为“第二课堂成绩单”网络管理系统，包含的活动内容非常丰富，而且全国各高校都可参与。但这一系统参与的高校层次不一，特别是对于学生参与的课外实践活动，存在实际全程参与的有效记录难以保障，学业成绩与课外实践成绩、学生参与实践活动的过程积分与取得成绩的积分等相互交织的问题，导致在进行学生综合素质能力评价时，既难以操作，又容易出现失真的现象。

借鉴“到梦空间”以及一些高校陆续推出的“第二课堂”建设思路、运行实践及存在的不足，加强对“第二课堂”的设计，首先从整体思路、基本理念及操作性、实效性、客观性上，要解决几个关键性的问题：其一，是如何利用“第二课堂”在学生课外培养实践中真正达到“五育并举”、促进学生全面发展的目的；其二，是如何解决学生参与某项课外实践活动并取得成绩而出现重复积分，比如参加了演讲比赛对这个过程进行了积分，同时演讲比赛获奖又进行了积分，从而导致在学生评价中必然会产生偏差的问题；其三，是如何确保作为课外文化与实践活动“超市”的“第二课堂”有学生主动来选择活动参与的问题；其四，是如何在“第二课堂”中兼顾校级层面的活动与院（系）层面的活动，也就是既从学校层面保证通过课外文化与实践活动促进学生全面发展的导向，又使院（系）举办的一些特色活动有学生参与。当然，在整个“第二课堂”设计中，还有诸如确保学生参与活动的全程记录及其有效性、通过对学生参与活动进行大数据分析的科学客观性等，需要统筹加以科学谋划与设计。

由此而言，作为学生课外培养一体化信息平台核心模块的“第二课堂”的设计，是一个复杂的系统工程。要使其真正具有系统、科学、客观和可操作性，必须从整体框架思路和技术实现这两个层面来深入地探讨和合理地设计。

一是要科学设计“第二课堂”的平台架构。项目内容尽量涵盖学校人才培养特点与目标要求对学生综合素质能力培养的核心指标，充分体现学生课外培养的导向，同时有效解决学生参与某项活动并获得奖励的重复积分的现象。因而，在“第二课堂”总的平台体系中，建设过程型、结果型、关联型三个既相对独立又在数据资源方面相互融通的平台，即综合素质能力提升实践活动项目平台，以“学分银行”的方式对学生参与课外实践活动进行过程性记录与积分；学生综合数据信息平台，对学生参与课外文化与实践锻炼活动取得的成绩如论文发表、学科竞赛获奖等进行结果性的记录；关联型平台，即链接与学生学习生活紧密相关的信息平台系统。

二是要合理规划“第二课堂”的项目内容。关联型平台主要是已有平台数据的联通，因而“第二课堂”的项目内容规划，主要是体现学生参与实践活动的过程型平台和体现学生成长发展成效的结果型平台这两方面项目的合理设计。其一，过程型平台着眼于学生参与实践锻炼的过程，而这一锻炼的目标指向则是学生的德智体美劳全面发展，立足“五育并举”，综合素质能力提升实践活动项目平台可以设置思想提升、成长锻炼、创新创业、文艺体育、社会实践等5个大的模块，每个模块下再设计相应的活动项目，比如在思想提升模块，可以设计理论学习培训、精神文明创建、特色主题活动等子项目。所有的课外文化与实践活动，根据某一活动的主旨、内容与活动形式则可归于某一大的模块下的子项目，以提供给学生进行选择。由此，既可以对活动的内容与质量进行全面把关，又可以从“五育并举”的角度对每一个育人重点的活动总量进行有效把控，使德智体美劳的培养不至于出现畸重畸轻的现象。

其二，结果型平台是基于学生在参与课外文化与实践活动中业已取得的成绩或奖励，对学生的成长与发展进行记录进而形成综合数据信息。由于是学生成长与发展的记录，它不可能囊括所有的数据，而是针对所有学生成长与发展的带普遍性的主要项目。而这些项目应当包括：专业类，如公开发表的论文及作品、出版专著、授权专利；获奖类，如学科竞赛、互联网+、“挑战杯”“双创”大赛、全国和国际参展获奖，以及会议类、荣誉类、证书类、履历类等学生取得成绩的客观数据。这一平台既让每位学生在校期间都有一个相对完整的成长与发展的记录，又便于在评先、评优、评奖过程中，根据指标体系勾选主要项目对所有学生进行排序，然后反馈给院（系）依据客观数据来进行评定，从而优化管理和提高管理效率。

三是要建立健全“第二课堂”的运行机制。在整个系统规划和平台项目确定之后，重要的是如何能进入实际操作环节并有效运行。这需要从总体上来理顺整个运行机制。其一，是加强“第二课堂”的统筹管理，设立“第二课堂”建设与管理中心，具体负责对每年全校课外文化与实践活动进行总体规划、对相关活动包括院（系）特色活动是否能纳入“第二课堂”的“活动超市”供学生选择进行审核、对每项活动的赋分值进行把关和确定，以及对整个平台系统的运行实行全程管理。其二，要明确过程型平台即学生参与课外文化与实践活动的积分规则。首先是总积分，即每位学生在校期间必须通过参与“第二课堂”发布的实践活动积满总分如 100 分，才能拿到“第二课堂”成绩单，再转换相应的必修学分才能毕业。当然，在总积分的分配上，为确保德智体美劳全面发展，每个模块各 20 分，并且其中 10 分为必修的积分。也就是说，在大学四年期间的 100 分的总积分中，其中 50 分为每个模块必选的基础积分，而另外 50 分则由学生自主任选活动参与进行积分，既确保综合素质能力培养的基础，又激励和引导学生的个性化发展。其次，通过对纳入“第二课堂”的每项实践活动，根据其内涵及对学生素质能力培养的有效预期，在发布时明确可以积多少分进行赋分，学生全程参与即可在系统自动计入该生的总积分。再次，要考虑学生大学期间不同学习阶段的不同特点，对于学生参与课外文化与实践活动的总积分要求不变的情况下，适当进行灵活安排，比如大一、大二期间每位学生每学年完成积分不少于 30 分，同时每位学生可根据大学期间个人学业规划提前完成 100 分的总积分；大三、大四两个学年各 20 分的积分，由学生自主安排，即大三期间因考研备考等原因未能完成积分的，可在大四期间继续完成。复次，要建立激励约束机制，即学生通过“第二课堂”申请参与某项活动，但未实际全程参加活动并形成有效记录的，每缺席一次从个人总积分中扣分，而对于学有余力的学生鼓励多参与课外文化与实践活动，将参与“第二课堂”活动情况纳入学生综合测评指标，在评先评优中总积分较高的学生，在同等条件下予以优先推荐。其三，对于结果型平台即有关学生成长与发展所取得成绩的数据信息记录，每学期安排相对集中的时间段，由学生按照综合数据信息平台主要项目自动上传，由辅导员网上审核即可。而对于这些分类的项目，为了便于大数据分析，对学生取得的成绩进行赋分，比如获全国“挑战杯”大赛一等奖则赋分 10 分，从而对结果型平台上每位学生所获成绩根据赋分计算总分。这一总分是便于对学生综合素质能力进行大数据分析，而与学生参与课外文化与实践活动的实际积分相区别。其四，就是要从学校制度层面将学生参与课外文化与实践活动及其总积分，转换为“第二课堂成绩单”的必修学分。即对于学生完成课外实践活动的总积分，要确定学分并纳入必修学分，比如学生四年通过“第二课堂”积满 100 分，达到“第二课堂”基本考核要求，才能拿到课外培养的 2 个或 3 个必修学分，否则达不到毕业要求。这对于整个“第二课堂”的运行起着关键的作用，只有从确定必修学分的角度强化“第二课堂成绩单”的约束刚性，才能让学生走出寝室、放下电脑和手机，主动参与到课外文化与实践活动中来，真正达到通过课外培养加强学生实践锻炼、促进学生全面发展的目标。

着眼于整个学生课外培养体系的建设，通过对作为这一信息平台建设核心的“第二课堂”进行科学设计与规划，能够有效达成以下几个关键的目标：其一，是强化过程培养和提升学生综合素质能力的工作导向的把控，通过对围绕德智体美劳五大模块及其子项目的设计，以及“第二课堂”建设与管理中心对纳入实践活动项目平台的学生可选活动进行严格把关，可以从源头上对以什么样的活动培养学生哪方面的素质和能力，以及促进学生全面发展进行总体统筹。同时有效地避免课外文化与实践活动的同质化与“空心化”现象。其二，是学生在入校前拿到录取通知书时加入“第二课堂”平台，即可以比较清晰地看到在大学期间必须参加哪些课外文化与实践项目、有什么样的素质能力要求，能够更好地做好四年的学习与发展规划。其三，是通过授权让专职辅导员随时查看自己所带学生的数据信息，可以比较精准地掌握学生的成长与发展动态，最大限度地避免了对处于“两头”即优秀学生和后进学生比较熟悉，而对处于中间层次的绝大多数学生的教育、指导模糊化的现象，能够针对所有学生的优势特长或短板弱项及时给予精准的指导。其四，通过“活动超市”既对学生全面发展进行有效把控，同时将一半的参与课外培养实践活动的积分，由学生自主选择活动参与后获得，能够有效促进学生的个性化、多样化发展，以利于优秀人才脱颖而出。其五，实行“第二课堂成绩单”制度并与学生完成学业挂钩强化约束刚性，促使学生对于参加课外文化与实践活动化被动为主动，既提高课外活动对于培养学生素质能力的实效，又大量减少组织、安排学生参与活动等事务性的工作，全面提高学生工作的效能。

综上而言，立足于促进学生全面发展，着力构建和完善以“第二课堂”为核心的学生课外培养一体化信息平台，是适应教育信息化、数字化发展的必然趋势，也是推动高校学生工作改革与创新，进而深化人才培养及学生评价改革、提高人才培养质量与水平的内在要求。但就现实来看，切实转变育人理念，着眼于高校整个人才培养体系，充分运用信息技术、大数据分析技术手段，来加快构建和完善学生工作体系，还有许多的重点和难点问题需要进一步深入探索并根据实践的发展加以有效解决，学生工作的信息化建设还有很长的路要走。

第四节　以促进全面发展为根本深化日常管理改革

高校学生工作，涉及学生的日常管理事务非常多，从面向所有学生的奖助贷补、评先推优、班级建设和管理、文明寝室创建与学生社区文化建设，到主题班会的组织、查到课率和学业预警，再到学生日常行为的引导与规范、安全教育，乃至面向极少数学生或学生个体的人际关系的调解、投诉的处理等，只要是涉及学生的事务，一线的学生工作者都得及时跟进。而除了日常管理事务以外，还有思想教育、课外文化与实践活动的组织开展、心理健康教育等教育引导、成长指导工作。尽管近年来专职辅导员的配备及其能力提升，取得了很大的进展，但高校学工一线工作者，相较于工作任务而言，仍然处于一种极为忙碌的状态，不仅要求一线学生工作者要能够“十八般武艺样样精通”，还得做一个“千手观音”，分头处理各种数据、报表、矛盾。因而，要让一线学生工作者真正从低水平重复的事务性工作中解放出来，有更多的时间去与学生面对面交流，把工作的重心真正转向关注每一个学生的个性特点、成长需求、实际困难，必须不断探索并深化学生日常教育管理模式改革，全面提高管理效能，强化对学生的精准指导。

一、切实转变学生日常管理的思想观念

从面上来看，学生日常管理工作的确是非常庞杂，而从现有的经验来看，推进学生日常教育管理改革，很多时候还是就管理来抓管理改革。换句话说，主要还是围绕学生教育管理职能和事务，就完善制度机制、优化办事流程、利用信息化手段来提高效率。单纯从管理的角度来

说，这是无可厚非，也是非常必要的。

然而，学生管理工作说到底是做人的工作，尽管只涉及学生的日常事务性管理，但最终还得落脚到对学生教育、管理、引导和服务的效能上去。从学生日常管理事务的职能、内容来深化管理改革，虽然面向所有学生，但仍然停留“管事”上，学生管理工作依然还只是“悬在半空中”，并没有真正落实到学生个体身上。

涉及工作职能、具体任务的某些改革，能够起到提高管理效率的作用，却还只是“做了什么”，尽管都是依法、依规、依程序而且保证了公平、公正、公开，工作职能之内的任务看起来是完成了，但没有真正落实到学生个体，工作就难以落细，也就难以收到实效，甚至会出现偏差。比如，面向所有学业成绩不及格的学生，学生管理部门都会要求辅导员、班主任进行学业预警和开展谈心谈话，并且学业预警的机制、方式、时间都在不断地改进和完善，从管理及其改革角度来看，做了学业预警并由辅导员开展了谈心谈话，工作尽到了责任，管理任务已经完成。然而，学生不同科目或者同一科目的不同学生没有过关，原因可能是多方面的，有的是因为学习态度不端正，经常旷课逃课造成的，也有的确实是因为这一课程自身的基础比较薄弱，难以跟上学习的进度和难度造成的。倘若只是学习态度不端正，辅导员通过谈心谈话，可能有效果，但如果是专业基础薄弱，光靠学业预警和谈心谈话，就不一定能够起作用，因为辅导员很可能不是不及格学生所学的专业毕业，在学业上无法给予指导。在这种情况下，管理工作是完成了，实际问题却还没有得到根本解决。再比如，进行家庭经济困难学生的认定并做好相应的资助工作，是学生日常管理的一项常规的、涉及学生切身利益的工作。按照日常管理的做法，就是依据工作的规范、流程来开展，尽管在工作的各个环节上程序完全合规，没有瑕疵，资助管理工作任务也完成了，但实际工作中，往往出现的一种情况是，极少数家庭经济困难的学生碍于面子等各种原因，不愿意主动申报或申报的等级较低，从而导致定为“特别困难”并给予了资助的学生，家庭经济状况可能比“一般困难”或者极少数没有受到资助的学生要好。也就是说，从管理角度来讲，资助工作是按规范完成了，但真正做到精准认定、精准资助，以及切实做好资助育人，却还有许多的工作要做。

因而，“就事论事”的学生日常管理改革，虽然能够促进某些工作的改善，但从学生培养和长远工作来看，难以将日常管理工作贯彻到人才培养的末端，亦即“管理”和“育人”不能得到有效的统一和相互的促进。这就需要我们更新管理理念，转换管理思路，立足于学生来考察日常管理工作的针对性以及日常管理改革的实效性，真正推动整个学生日常管理改革在理念、思路、方法、内容及实现途径上，从“注重事”即工作职能和任务，向“关注人”即学生的特点和需求转变。

二、夯实学生日常管理模式改革的基础

着眼学生主体来深化日常教育管理模式改革、提升管理水平，涉及诸多方面。除了观念上的更新与转变以外，还必须为改革的有效推进做好必要的基础性工作。其中，有两个方面的工作尤其关键。

其一，就是要在改革的思路与方向上，将“事”和“人”相对区分开来。思路决定出路。从事到人，既是观念、思路的转变，更是学生管理方式的一个大的变革。从杂多的事务转向学生这个主体，如何实现既重视人又管好事，涉及改革的方向与切入点的问题。然而，一旦转换思路，从学生的角度来考虑如何开展工作，可能很多的难点与症结，就会迎刃而解。因为，就学生这个群体而言，根据不同学生的特征及需求，以及可能存在的不同问题，可以大致地区分为不同的类型。而根据不同类型与特点的学生，进行分类教育、分类管理、分类施策、分类指导，就会简单得多，情况就会掌握得更加深入、细致、全面，工作才能

真正落实到不同类型的学生及学生个体。实际上，从“关注人”即不同学生的特点与需求出发，来推进分类教育管理改革，相较于就事务管理本身来改革，其明显的优势在于：一是对不同特点与需求的学生进行分类，使一线学生工作者能够比较全面地掌握到每一个学生的基本信息、兴趣爱好、优势特长以及成长发展需求与动态状况，有利于对学生进行有效的教育管理和精准指导；二是在较为全面掌握不同类型乃至学生个体情况的基础上，面向所有学生落实诸如评先推优、奖助贷补等管理工作，在依规依程序完成工作任务的同时，可以有效避免因对学生具体细节情况还不够熟悉、掌握不够全面，导致工作不够精准、科学的问题；三是就学生工作而言，从“关注人”的角度来推进日常教育管理改革，更大的优势还在于，将人与事统筹起来，更好地掌握学生的个性特点、个体需求，把学生教育、引导和管理工作做在日常，有利于促进一线学生工作者与学生日常交流的经常化、常态化，及时发现并解决问题，避免情绪、矛盾、问题的积累，有效防止发生问题后再临时去熟悉了解情况、处理问题。这对于增强学生教育引导效果，以及提升管理效能，无疑都是大有裨益的。因而，跳出事务性工作的窠臼，从如何理解人、关注人、培养人、引导人、锻炼人这一新的思路出发，来谋划和深化学生日常管理模式改革，既是创新高校学生管理工作的内在要求，也是遵循学生成长发展规律的必然选择。

其二，就是要找准一线学生工作者由“注重事”向“关注人”转变并在实践中又能够将“事”和“人”有机统一起来的实现方式。推进分类教育管理模式改革，实现学生日常管理工作的优化，最终的任务与实践，要落脚到一线学生工作者尤其是专职辅导员身上。因为，无论是从学校还是二级院（系）层面，即使依据不同特点与成长发展需要，对学生进行了分类，但仍然只是形式上的。这一方面在于不同特点与需求的学生类型可能比较多，而二级院（系）专职辅导员难以一一对应。

更重要的还在于，同一类型的学生，比如家庭经济困难或学业困难的学生，往往是跨专业、跨年级的，由同一个辅导员来承担教育管理职责，往往容易造成管理上的复杂化甚至混乱，亦即在“管理事”和“引导人”上产生更大的冲突。因而，探索一种合理、有效的方式，妥善解决这种冲突和矛盾，是推动学生日常管理模式改革的一个前提和基础。而解决这一问题的一个优先方案是，在推进辅导员团队化专业化建设，即正如在讨论队伍建设时所阐述的，按照二级院（系）学生工作的特点，根据辅导员九大职能，每位辅导员在院（系）承担一至两项重点任务，并选择参与学校层面组建的一个专业化团队，履行好九大职能的过程中，由辅导员对以成建制班级为单位所带的200名左右的学生，进行分类细化，再根据学校对不同类型学生教育管理的指导性意见来实施分类教育、管理、引导和帮扶服务工作，从而有效实现面向所有学生的事务性工作与加强不同特点与需求学生的分类指导的有机结合，确保工作的有效实施。按照师生比1：200的要求，将学生以成建制班级为基本单元，落实到每位辅导员来负责，并由辅导员根据学校的分类教育管理方式，对自己所带学生加以细致摸底、分类、建档并落实好分类教育，是推进学生分类教育管理模式改革的重要方式与基础。

三、深化以学生为中心的分类教育管理改革

在把思想观念和关注的重心转向学生这个主体，明确了学生日常教育管理改革的思路与方向并做好前期的基础性工作之后，管理改革进入实质性的操作层面。如何改革？大致可以按照三个步骤来推进。

一是依据不同学生特点与需求对不同类型的学生进行合理分类。撇开事务性的工作，以往即使是面向学生的某些群体特点，对学生的分类，也只是优秀的、后进的和中间层次的这样一种笼统的、极为模糊的分类方法。因而，虽然也有提出“抓两头促中间”的教育管理方式，

但是，正因对学生的不同情况不够熟悉、区分度不高，以致如何“抓”显得办法不多，如何“促”更是无处着力。这就是造成在高校学生工作实践中，“管事”和“育人”往往相互脱节而难以统一的症结所在，也是导致只能围绕事务性工作打转，而对占绝大多数处于中间层次的学生的成长发展和素质能力提升难以进行有效指导的一个根本原因。面向所有学生而不单纯是优秀的或后进的学生，深化日常教育管理改革，需要采取一种更为科学合理的分类方式。这一方式，就是要跳出着眼事务性工作的思维定式或以学业为中心的模糊化的分类方法，切实把学生学业发展、成长需求与日常管理相结合，根据学生实际和借鉴以往管理实践经验，将学生大致区分为以下类型：（1）家庭经济困难学生；（2）心理状况困难学生；（3）身体状况困难即除心理状况外患有某种疾病或身体残疾学生；（4）学业困难学生；（5）立志于考研保研学生；（6）准备考公考编学生；（7）除升学或考公考编外就业创业学生；（8）少数民族学生；（9）港澳台学生；（10）留学生或交换生；（11）退役复学学生；（12）正在休学或休学期满复学学生；（13）延期毕业学生；（14）校外住宿学生。应当说，从学生工作实践来看，这 14 类学生共同组成了整个学生群体，每一类学生的特点和需求是不同的，需要有不同的教育、管理和引导、帮扶措施。同样地，解决好这 14 类学生遇到的不同困难和问题，实际上也就构成了学生日常管理工作的基本内容与任务。也就是说，只有把这 14 类学生的情况摸清楚了，把工作做在日常，把矛盾和问题化解在日常，整个学生日常管理工作才能达到有序和有效。

二是制定分类教育管理的指导性实施办法。将不同类型的学生进行科学合理的分类，既是关键的一步，却还只是万里长征走完了第一步。因为鉴于高校学生工作以往的实践，虽然并不系统，但也零零散散地有一些类似的分类以及对于特殊类型学生的针对性工作与措施。但是，高校学生日常管理工作之所以仍然显得散乱，无法深入落实到每个学生，首先是没有能够从学生成长发展和素质能力提升即学生主体视角，来对不同类型的学生进行系统、科学的分类。其次则是没有形成一个对不同类型学生进行有效指导的规范性机制。而在这个机制当中，非常重要的一环，就是要从学校层面，出台一个对不同类型学生如何开展教育、管理、引导和帮扶的指导性意见或实施办法，让二级院（系）特别是一线的专职辅导员做到有章可循、有法可施。当然，从学校或学工部门层面来说，这个指导性的意见或实施办法，只是宏观的、原则性的，宜粗不宜细，否则就会造成机制僵化，束缚一线学生工作者的手脚，最终反而导致管理工作的复杂化，制约学生日常教育管理工作的有效开展及其实际成效。之所以在学校层面这个指导性的实施办法只宜是原则性的规定，主要还在于，根据学生现状和实践经验，在理论上可以将学生分为14个不同的类型并且能够在工作中加以实施，但实际上，同一个类型的学生，可能遇到的问题不一样。比如，家庭经济困难的学生，有的是因病致贫，有的是因遭遇重大变故。而更复杂一些的情况则是，同一个学生可能同时兼具几个不同类型学生的特点与需求。比如说，学业困难的学生，很可能同时又是家庭经济困难、心理状况或身体状况困难的学生。在分类教育管理中，倘若要在指导性实施办法中，将这些不同的组织全部囊括进来，反而会演变成一个极为复杂的体系而难以实施。因而，就14个基本类型的学生教育、管理和指导、帮扶工作，每一个类型依据不同的特征制定一个原则性的指导意见与要求，给一线学生工作者提供一个方向与方法的指引，是非常必要的，但不可能，也没必要去穷尽所有的排列组合。对于同一学生兼具几个不同类型学生特点的状况，由一线学生工作者依据指导性实施办法中几个类型学生各自的管理工作要求，灵活加以组合，认真地将主要的、原则性工作落实好并做到位，既能使操作变得简单易行，又能将原则性与灵活性相结合，提升学生教育、管理和引导工作的实效。

三是把依据指导规范加强管理和紧贴学生实际创造性开展工作结合起来强化实绩考核。将学生依据不同特点进行科学合理的分类，并提供指导性的实施意见或办法，学生日常教育管理改革仍然还只停留在学校的规划与设计层面，要真正使改革实践落地并取得成效，关键还取决于二级院（系）尤其是一线学生工作者能否将这一思路、措施、方法、要求落实到每一类型的学生身上去。正如前所述，推进学生分类教育管理模式改革，一项基础性的工作，就是要按照 1∶200 师生比的要求，将 200 名左右的学生真正归口到每位专职辅导员来负责，并且由每位辅导员根据 14 个类型的分类方式，对自己所负责的学生进行细致的摸底、分类、建档和全程跟踪教育管理。一线专职辅导员在对自己所带学生进行分类的过程中，必须详细了解每位学生的家庭结构及成员相互关系、家庭经济情况、学生的个性特点及爱好特长等基本信息，并通过综合各方面的信息，确定学生是否兼具多个类型学生的特点与需求，这既有利于更有针对性地开展教育管理工作并给予学生精准指导，同时更有利于把日常管理与对学生的思想引导、成长发展指导更加紧密地结合起来，履行好辅导员的九大职能，全面提高学生工作整体的针对性与实效性。在切实做好这一基础工作的前提下，一线学生工作者可以通过对不同类型学生成长发展的一般特点与规律、指导和帮扶经验，积极探索进一步提高学生教育管理实效的新途径、新方法，加强经验交流借鉴与推广，促进学生工作的新发展。比如，针对学业困难的学生，特别是数理化基础专业的课程，面向的学生广，而非本专业的学生学习起来确实存在比较大的难度，湘潭大学探索组织专业课程教师设立学习辅导室来加强指导的方式，但实际运行起来却发现，许多难以过关的学生碍于面子不敢或不愿意面对面地与老师交流，收效不大。针对这一问题，由一线辅导员从机械工程与力学学院开始尝试，设立“学霸值班室”，发挥学业成绩优秀同学的优势和朋辈帮扶作用，受到了同学们的广泛欢迎。同时，为了解决仍然有些同学不愿意面对面请教的问题，开通线上值班，线上征集难点难题并集中进行解答，取得了很好的效果。针对不同类型学生的教育管理和引导、帮扶，一线学生工作者应广泛开展实践探索与创新，才会更有针对性和实效性。但改革实践的推进和成效的取得，一方面必须在整体思路与改革模式确立起来之后，另一方面必须将一线专职辅导员按照全校性的分类教育指导性意见或办法，有效落实各项工作以及在工作实践中的创新性成效，纳入业绩考核中来，形成制度刚性，才能全面激发学生日常教育管理改革的活力与动力。

第五节　以提升培养质量为目标探索学生评价改革

推进教育评价改革，无论是教育质量、教师、教学的评价，还是办学水平、学科、学生的评价，或者是科研水平、就业质量等方面的评价，对高等教育改革与发展起着重要的促进与引领作用，但在评价过程中还存在着诸多需要深入探讨和研究的重点与难点问题。

一、学生评价改革的迫切性及其存在的困境

在教育评价改革当中，学科和专业建设水平、教育教学质量、师资队伍建设及发展、科研创新与成果转化等方面的评价，都越来越细致，评价指标体系也日益完善。而作为教育评价中一项重要的评价，学生评价看似比较单一，但实际上涉及教育教学质量、师资队伍建设及发展水平等交叉性的评价。也就是说，教育教学质量、师资队伍建设及发展水平在很大程度上决定了人才培养的质量与水平，影响到学生评价，尤其影响到学生的评价改革，而反过来，学生评价改革又会直接反向作用于教学与师资队伍的评价。因而，不断深化学生评价改革，既是一个系统的复杂工程，又在核心要素层面影响着高校的办学质量与水平。

就高校学生评价改革的迫切性而言，其一，新中国成立以来，我国高等教育经过 70 多年的改革、建设与发展，取得了举世瞩目的成就，为经济社会发展提供了有力的人才、智力与科技支撑。然而，随着我国高等教育由精英教育迈向大众化教育阶段，高校办学规模不断扩大，经济社会发展尤其是科学技术的迅速发展，一方面使社会分工越来越细

密。另一方面，对于人才除了在专业素养与能力方面要求越来越高以外，在综合知识、技能与素养方面也提出了更高的要求。中国特色社会主义进入新时代，教育、科技、人才三位一体的结合更为紧密，而人才作为第一资源和核心要素，也就起着更为关键的作用。要推动高等教育大国向高等教育强国迈进，除了知识、思想与科技要处于引领地位以外，还必须有高质量的人才培养作支撑。而如何培养堪当民族复兴大任的时代新人，从深化学生评价改革即培养什么样的品格、知识、能力与素质的高素质人才入手，进而深化高校人才培养改革，将起着重要的导向作用。其二，就深化改革创新推动高校高质量发展来说，围绕如何把培养堪当民族复兴大任的时代新人这一目标任务，以及如何培养时代新人的方法途径落实到具体行动上，其理念与思路，将决定着体制机制、政策措施、资源配置的完善、重组与创新。换句话说，在高校办学治校的具体实践中，“培养什么人”的内涵要素和指标体系及其达成度，亦即新时代高校的人才培养质量标准与要求，很大程度上就决定并体现在学生的评价指标体系上。深化学生评价改革，实际上关涉到高校人才培养方向、资源配置以及治理能力与水平，最终会影响到高校的高质量发展。其三，学生评价指标体系不论是在高校办学和人才培养方面，还是在学生的发展方面，都起着“指挥棒”的作用。就目前的学生评价而言，尽管在人才培养目标与方向上非常明确，也有许多的研究提出了学生评价指标体系，但在实际操作层面，要么因缺乏相应的数据积累而无法进行科学客观的评价，要么因过于理论化、概念化的设计而难以操作，从而在实践中仍然以学生的学业成绩与水平作为主要的依据来对学生进行评价。这造成的现实后果，一方面是高校人才培养日益标准化，缺乏个性化的培养与发展，不利于优秀人才的脱颖而出；另一方面则是所谓的学生“功利化”越来越明显，学生在考研保研、评先评优等各个方面按照“指挥棒”走，而由于学生评价过于侧重学业成绩等可量化的指标，思想道德、素质能力等看似难以量化的指标，因缺乏有效的手段与考核方式而难以纳入学生评价，导致侧重学业成绩的单一评价多而注重素质能力的综合评价少，极不利于培养德智体美劳全面发展的社会主义建设者和接班人。

发挥高等教育龙头作用，建设教育强国，培养堪当民族复兴大任的时代新人，迫切需要深化高校学生评价改革。然而，要实现对学生科学、全面、客观的评价，仍然存在诸多的困难。就目前对学生的评价来看，主要存在三个方面亟待加以破解的困境：其一，是学业评价与综合评价的畸轻畸重。在高校人才培养实践中，由于观念、资源等各方面因素的制约，人才培养仍然以课堂教学和专业知识传授、专业能力培养为主，对于学生的课外培养既缺乏系统的规划，也缺乏全过程的成长与发展记录，学生综合素质能力的评价因缺乏数据积累而难以形成核心指标体系并进行客观评价，从而导致以学业为主的单一评价很难向以综合素质能力为主的综合评价转变。其二，是整体评价与个体评价的严重失衡。无论是在高校办学质量与水平评价的各项指标当中，还是单就教学质量或教学工作水平评价指标体系来看，基本上偏重于对高校的整体评价，比如四六级过级率、考研录取率、就业率、学科竞赛获奖数等，都是从整体比例来衡量。整体评价有助于高校从总体上把握办学的优势与特色、短板与弱项，找准工作改进的着力点。但着眼于“优秀率”的整体评价，一方面，往往容易掩盖人才培养实践中潜在的问题与不足，另一方面，着眼于学生个体评价的不完全性乃至在实际上的相对缺失，既不利于人才培养实践中针对学生个体的精准指导，也不利于学生正确的自我认知与个性化发展。其三，是过程评价与结果评价的极不对等。就课堂培养或者说学生的学业来看，尽管每门课程的学习普遍地都设置有平时分，但客观上说，由于学生较多，专任课教师难以对每位学生的到课情况、听课纪律、课外作业的完成质量等各方面进行比较详细的记录，以形成客观的平时分依据，往往在平时分上存在一定的弹性。而对于学生课外培养，则更是由于缺乏有效的平台与手段对学生参与课外文化与实践活动的过程及其表现进行客观的记录与评估，从而导致在学生的评价方面，只能以结果性的评价为主，且综合素质能力的评价只占据极小的比重。

二、完善课堂培养考核方式促进学生评价改革

就目前高校的学生评价而言，虽然以学业成绩评价为主，但这一评价当中仍然有许多值得深入探讨和改进的地方，这涉及“如何教”“如何考”和“如何评”的问题。

从“如何教”来看，表面上是课堂教学的问题，但实际上，教学的组织、教学的方式在一定程度上是影响甚至决定学生评价方式的一个重要因素。由于办学资源相对有限，许多高校尤其是地方高校，师资相对紧张，这给课堂教学带来了三大方面的压力与困难：其一，是教学组织的改革方面，还很难打破一门课程由一个老师讲到底的传统课堂教学模式。在高校当中，一个相当普遍的现象就是一门课程由一个老师讲授，而且很多时候是根据老师的研究方向来安排课程，这是造成高校课程安排时显得师资紧张、学生选择余地不大的一个重要原因。应当说，大学的教学与科研虽有着十分密切的关系，但就教学而言，同一学科的老师不能只按照自身的研究方向来讲某一门课程，比如作为历史学专业的教师，在研究方面，可以把古代史、专门史、世界史或思想史等作为自己的研究领域，但在教学方面就应当能够承担从古代史到现当代史的课程教学任务。由此，同一学期开设的同一门课程，就可以由至少两到三位老师来讲授，让学生对老师的课堂教学有更大的选择余地。这不仅能够在教学当中形成一种内部的良性竞争机制，促使老师真正用心把课讲好、讲活、讲出吸引力，而且也能使学生在学习过程中通过不同的比

较更好地提升学习效果。其二，是教学内容的改革方面。正是由于普遍地仍然是同一门课程由同一位教师讲授，导致在教学内容的改革方面很难有效推进，很多时候难以跟上经济社会发展、科技进步和知识更新的速度，教学内容缺乏前瞻性，甚至是多年前陈旧的观念与知识或早已面临淘汰的工程与工艺技术。这些教学内容既对学生缺乏吸引力和指导性，更是在学生学业考核与评价中失去了原本的意义。其三，是教学方法的改革方面。尽管推进力度很大，但仍然有不少的教师满足于完成基本的课堂教学任务，课堂内互动式、研讨式、启发式等教学方法运用较少，而指导学生课外专业实践、组织开展课外的体验式教学与研学则更少。这造成的结果是，通过这些教学环节来考查学生的学业能力、实践能力与创新能力并形成有效评价，以完善学生学业水平的评价，存在明显的缺失。

从“如何考”来看，在某种意义上，“如何教”直接影响到“如何考”。由于课堂教学仍然以传统的知识讲解和传授为主，在教学过程中学生的参与性还不够强，以学业水平评价为重点的学生评价普遍分为两个部分，即学生课程考试成绩，以及对到课率、课堂回答问题和课外作业完成情况等方面的考察所形成的平时成绩。考试成绩相对比较单一，而平时成绩也具有较大的弹性，就学生学业水平的考查与评价而言，在科学评价方面还有很大的探索与改进空间：其一，通过教学方式方法的改革，推动单一以学业成绩考试为主转向考试、考查、考核相结合的多维度评价，即除了课程考试以外，将指导学生以课程教学内容为核心的参与课外实践调研、专业能力实践与创新实践等专业能力培养紧密相关的实践有机结合起来，探索和构建涵盖专业课程知识学习与实践能力提升的评价体系，从更宽广的层面来考查学生的专业基础知识掌握程度与专业能力的达成度，真正把学生运用专业知识发现和解决实际问题的能力有效纳入进来，确保学业水平评价的全面性。其二，要探索并着力推进教考分离。在目前专业课程教学中，同一门课程在某个学期不仅由一位老师一讲到底，也是由任课教师出题考试。这一方面导致同一门专业课程，在不同学期不同教师上课的情况下，出现考试内容、难易程度不一，缺乏相对统一的专业课程学习水平考察标准的情况。另一方面，虽然在课程基础知识教学方面能够大体一致，但往往容易出现“老师讲什么就会着重考什么”的现象，一定程度上不利于教学内容的改革与更新。由此，在教研室集体备课的基础上，着力推进专业课程考试、考查的改革，根据某门专业课程学生应当掌握的基础知识、基本技能和达到课程学习学业水平的基本要求，统一形成课程考试的试题库，推进教考分离，才能确保对学生专业课程的学业水平评价更为科学和完善。

从“如何评”来看，就目前高校的学生评价体系来看，实际上存在两个单一评价，一个是相对忽视综合素质能力而以学生学业水平为主的评价，另一个则是在学业水平的评价中又偏重以课程考试为主的评价。这种单一评价方式由于评价权相对集中于任课教师，不仅影响到学生评价，而且衍生的一个问题是，因任课教师实质上掌握着对学生的最终评价权，无论其教学内容、教学水平和教学方法如何，有没有启发性、引领性和吸引力、感染力，学生就得到课堂来听课，这是造成高校课堂普遍存在到课率高而抬头率低的一个重要原因，在很大程度上也影响到教学质量的提升。改革学生学业水平评价，不仅涉及教学内容和方法的改革，也涉及评价方式的转变。在改革学生课程考试的基础上，在平时成绩的评定方面，除了依据学生到课、课堂讨论、课外作业完成等基本情况外，还应当将学生参与课外学习与能力锻炼紧密相关的专业实践、实验设计与社会调研等情况，以及专业实践单位意见、学生每学期对自身课程学习自评与互评情况等内容纳入进来，以便多维度、立体式地考查学生对专业知识与技能的掌握、专业实践能力及解决问题的能力、创造能力，从而更加全面地反映学生的学业水平。

三、利用一体化信息平台赋能学生评价改革

结合学生课堂培养与专业基础知识学习与运用，在深化学业水平评价的基础上，还必须通过统筹和优化学生课外培养模式与机制，以形成对学生参与课外文化与实践活动、提升综合素质能力的实效进行有效评价，才能实现对学生学业水平和综合素质能力比较科学、全面、客观的评价。构建和完善高校学生工作体系，尤其是在这一过程中加强学生课外培养统筹，通过充分利用信息化平台与手段，对学生参与课外文化与实践活动进行过程记录与成效分析，一个重要的目的，就是要深化学生综合评价改革。

构建学生课外培养一体化信息平台，特别是通过“第二课堂”建设，在强化学生过程培养和素质能力提升导向的同时，基于学生课内与课外培养及其成长与发展的大量客观数据信息深化学生评价改革，对于推动学生评价从以学业成绩为主的单一评价，向注重学生综合素质能力的综合评价转变，提升学生评价的科学性、全面性和客观性，将起着重要的作用。利用一体化信息平台，立足“五育并举”，以及汇聚到每位学生的过程型、结果型及两方面综合数据信息的大数据分析，能够形成对学生三个不同类型的“精准画像”，为学生评价改革提供有力的支撑。

一是基于过程型平台中，学生参与课外文化与实践活动的类别、频次、偏好等，对学生德智体美劳各方面的素质能力进行“精准画像”，进而形成客观评价。在参加课外活动的总积分中，除了 50 分基础积分每位学生都必须完成以外，另外 50 分则由学生自主选择活动参与来进行积分。而学生在自主选择参与的活动时，根据个人的兴趣爱好、优势特长必定有其偏好，如偏向于创新创业类或社会实践类活动等。依据学生参与课外活动的积分，利用大数据分析则比较容易形成一个素质能力

的五边形或六边形“画像”，其兴趣偏好、优势特长及素质能力在整个“画像”中能够得以比较精准的体现。

二是基于结果型平台中，学生参与课外文化与实践活动所取得的成绩，由系统自动根据所获成绩类别、等级等的赋分进行分值计算。这个分值与学生参与课外活动的实际积分相区别，它主要是方便结合学生成长与发展情况进行大数据分析来赋分的。根据结果型平台中对主要项目的设计及学生所积累总分，通过大数据分析，也可以从学生成长与发展的成绩分析中得到比较精准的素质能力“画像”，进而对学生的成长值进行客观的评价。

三是基于过程型与结果型两方面的学生积分数据，立足“五育并举”并分别赋予一定的权重，从而通过大数据进行综合分析，最终形成对学生成长与发展、综合素质能力数据分析基础上的“综合画像”。当然，在进行综合分析的过程中，首先还需要厘清并进行处理的是，学生结果型项目应依据德智体美劳大类进行合理的归类，比如将学科竞赛、互联网+、“挑战杯”“双创”大赛、全国和国际参展获奖等积分累计，纳入智育，而将荣誉类、证书类、履历类中的某些项目取得的成绩，分别纳入德育、体育、美育和劳动教育当中，以便与过程型的五大模块的积分相对应，再以权重进行匹配和综合，以实现过程型、结果型两方面的数据及分值分别按照德智体美劳五大方面来进行大数据分析，使“综合画像”更为科学、客观。

充分利用学生课外培养一体化信息平台尤其是“第二课堂”的数据信息积累，运用大数据分析对每一位学生进行不同角度的“精准画像”。其一，通过对学生个体素质能力的“精准画像”与科学评价，能够让学生形成比较清晰的自我能力认识与发展定位。其二，依据学生的综合素质能力“画像”，可以比较全面地掌握学生兴趣爱好、个性特点，给学生可能适合进一步求学深造或创新创业、求职就业以及就业领域提出合理化的建议与指导，并在学生求职过程中有针对性地进行培训，提供更为精准的就业信息服务。其三，也是非常重要的一个方面，就是能够有效解决以往对学生综合素质能力评价时，因缺乏比较全面、客观的数据而只能以学业成绩为主来进行评价的不足，不断深化学生评价改革。

在深化学生评价改革过程中，在推进课堂培养的课程内容体系、教学方式方法的改革不断完善学生学业水平评价的同时，只有通过构建和完善学生工作体系，在促进学生成长发展、提升学生综合素质能力的基础上，不断完善学生课外培养及综合素质能力评价体系，从而将课堂培养与课外培养有机统一起来，将学生学业水平评价与综合素质能力评价有机结合起来，才能达成对学生相对科学、全面和客观的评价，推动学生评价从单一评价向综合评价转变，为深化高校人才培养模式改革、促进学生德智体美劳全面发展打下更加坚实的基础。

参考文献

[1]《习近平在中共中央政治局第九次集体学习时强调：敏锐把握世界科技创新发展趋势 切实把创新驱动发展战略实施好》，《人民日报》2013年10月2日。

[2] 习近平：《做党和人民满意的好老师——同北京师范大学师生代表座谈时的讲话》，《人民日报》2014年9月10日。

[3] 习近平：《青年要自觉践行社会主义核心价值观——在北京大学师生座谈会上的讲话》，《人民日报》2014年5月5日。

[4]《习近平在全国高校思想政治工作会议上强调：把思想政治工作贯穿教育教学全过程 开创我国高等教育事业发展新局面》，《人民日报》2016年12月9日。

[5] 习近平：《在北京大学师生座谈会上的讲话》，《人民日报》2018年5月3日。

[6]《习近平在全国教育大会上强调 坚持中国特色社会主义教育发展道路 培养德智体美劳全面发展的社会主义建设者和接班人》，《人民日报》2018年9月11日。

[7]《习近平主持召开思政课教师座谈会：在这个根本问题上必须毫不含糊》，《人民日报》2019 年 3 月 19 日。

[8] 习近平：《在教育文化卫生体育领域专家代表座谈会上的讲话》，《人民日报》2020 年 9 月 23 日。

[9] 习近平：《在纪念中国人民志愿军抗美援朝出国作战 70 周年大会上的讲话》，《人民日报》2020 年 10 月 24 日。

[10] 习近平：《在庆祝中国共产党成立 100 周年大会上的讲话》，《求是》2021 年第 14 期。

[11]《习近平在中国人民大学考察时强调 坚持党的领导传承红色基因扎根中国大地 走出一条建设中国特色世界一流大学新路》，新华社 2022 年 4 月 25 日。

[12] 习近平：《在中央党校建校 90 周年庆祝大会暨 2023 年春季学期开学典礼上的讲话》，《求是》2023 年第 7 期。

[13] 习近平：《扎实推动教育强国建设》，《求是》2023 年第 18 期。

[14] 怀进鹏：《携手推动数字教育应用、共享与创新——在 2024 世界数字教育大会上的主旨演讲》，教育部政府门户网站 www.moe.gov.cn/jyb_xwfb/moe_176/202402/t20240201_1113761.html，2024 年 1 月 30 日。

[15] 冯刚：《新时代高校“三全育人”的理论蕴含与深化路径》，《厦门大学学报（哲学社会科学版）》2023 年第 1 期。

[16] 王繁等：《人工智能引领高等教育数字化创新发展》，《中国高等教育》2024 年第 Z1 期。

后　记

写一点关于高校学生工作的微末思考，并不是因为我们在这一工作领域的理论研究有多深入、实践积累有多丰富、思维视角有多独到，而仅仅是，我们一致觉得，对于工作，如果不重视和不善于总结与反思，就只能按部就班地把工作当作任务来完成，只有带着问题和思考去开展工作，才能在有效推动工作的同时，增强工作的主动性、系统性和预见性。而伴随着对实践工作的思考，倘若还对某些问题，或者是有可能引发某些变革的发展趋势有所察觉，并且，这些问题和趋势又并非单独存在或发生于某一个部门、某一所高校，而是一些带普遍性的问题时，我们就更有责任、更有意义去做一些哪怕是还不够成熟的探究，并将这些零散的思考呈现出来和大家共同研讨。

对高校学生工作中存在的普遍性问题的思考与探究，首先自然是从工作实践中遇到的一些难点问题，或者确切地说是从某些工作困惑中逐渐生发出来的。在直接从事一线学生工作之前，我们也跟许多人一样，觉得学生工作主要负责的，就是学生日常教育、管理和服务的事务性工作。当我们真正深入到学生一线实践工作之后，面对工作中出现的诸多复杂情况，面对朝气蓬勃的青年学生，就经常会不自觉地思考这样两个紧密相关的问题：在我国从高等教育大国向高等教育强国迈进的大背景下，作为高校的学生工作，仅仅是做一些日常教育管理的事务性工作就可以了吗？围绕学生的学习、生活，特别是学生的成长和发展，作为高校学生工作部门应当做什么、还能做什么？

带着这一问题深入到工作当中，我们逐渐发现，除了做一些日常的事务性工作外，还有许多的工作值得去认真探讨：作为一线学生工作者，应当说我们与学生交往最为密切，但我们真正了解信息技术、数字技术迅速发展环境下成长起来的青年学生吗？学生出现的某些价值的、观念的、行为的偏差，乃至身心健康方面的问题，如何通过规范的、细致的日常教育管理来加以正确、有效的引导？高校每年都会举办各式各样的、丰富多彩的课外文化与实践活动，这些活动是真正受学生欢迎和喜爱并对学生的成长发展起到了实质性的作用吗？大学区别于中小学的一个显著特点，就在于专业学习之外拥有大量的课外学习与锻炼的时间，高校应当如何科学规划和统筹这些课外时间与空间，更好地引导学生自主学习、自我锻炼和自我提升，以培养学生的创新思维、实践能力与综合素质？在目前的观念与实践中，实际上将人才培养窄化为课堂教学、专业知识与技能的传授，将学生课外培养窄化为学生日常教育、管理和服务工作，“五育并举”、促进学生全面发展又如何才能得以实现？尽管近年来高校辅导员队伍不断发展和壮大，但相对于专任教师群体，仍然只占了不到整个教师队伍的十分之一，如何更好地激发专任教师参与学生课外教育与培养的积极性和责任感？高校绝大部分专任教师都致力于兢兢业业地教书育人，但实事求是地说，不排除极少数教师主要的时间与精力还集中于课堂之内，甚至按照职称评审、人才工程等评价指标的指挥棒，关注重点还在科研项目、科研成果而不在育人这一职责上，在这种情形下，又如何能将学生对照考研保研、评先评优等标准而看重个人得失的行为苛责为“功利化”倾向，以及如何来加以矫正？在信息技术飞速发展、人工智能不断进化，从而深刻变革着世界的趋势下，必然对高校现有以知识与技能传授为主的人才培养模式构成挑战，那么，高校如何有效应对，以及教育教学、人才培养模式改革的方向和出路、症结和重点又在哪里？等等。

对以上这些问题的思考，实际上已经超出了对于高校学生工作部门的工作探讨范围。然而，在高校现有的组织方式、运行机制当中，围绕人才培养，教务部门一直负责的是学生课堂教学的组织、改革与研究等一系列工作。那么，在课堂之外，对于学生的培养，这一职责又应当由哪个部门来承担？这样一来，问题似乎又回到了原点，即有关高校学生工作部门的工作职责、目标、任务的探究。

但是，通过对许多实践问题的观察与思考，这个原点的回归，已经不再是原初对于“高校学生工作部门应当做什么、还能做什么”的粗浅认知与思考，而逐渐上升为对于“在人才培养实践中，针对学生的课外培养，高校应当做什么、还能做什么？”这一问题的探讨。

随着观察与思考的深入，问题也似乎逐渐明了和清晰起来：在高校人才培养课堂与课外这两个场域内，以专业知识和技能传授为重点的课堂教学一直保持着高质量的发展，但随着精英教育转向大众化教育阶段、高校办学规模不断扩大，学生的课外培养一直未能引起足够的重视并加以科学地统筹和规划。高校的学生工作从其内涵与实质而言，实际上就是学生课外培养工作，高校学生工作部门的工作，不应当仅仅是日常教育管理，而是学生课外培养工作的统筹。

就我们的实践感知而言，无论是从当前高校学生工作中遇到的一些带有普遍性的问题，还是从经济社会发展尤其是新一轮科技革命给高等教育改革、高校人才培养改革所带来的深刻影响及其发展趋势来看，以更加宽广的视域加强前瞻性的思考和谋划，从高校人才培养这一高度来认识并深化高校学生工作改革，完善高校人才培养机制和模式，也就成为一种必然的选择和一项迫切的任务。

当然，由于理论思维和实践经验的局限，或许我们只是一个工作思考与谋划上的理想主义者：以有限的视野，基于高校人才培养主要立足于课堂与课外两大场域，来考察和探讨课堂培养与课外培养的相互关系及其有机协同，从而推动高校学生工作在思维、理念、目标、任务等各个层面不再局限于高校学生工作部门的、日常事务性的工作，而真正回归人才培养这一中心，或者更确切地说，回归学生课外培养工作这一本位。进而，与相对完善的课堂培养体系相适应、相协调、相促进，积极探索和构建以往相对忽视的学生课外培养体系，以更好地顺应高等教育改革、经济社会发展和科技进步对高素质创新型人才培养的趋势与需求，促进高校人才培养质量的提升。而所有这些，都有赖于高等教育改革尤其是高校人才培养改革过程中，从理念到实践上实现一个大的转变，并在体制机制、资源配置、评价体系等各个方面进行变革与创新——这将是一个长期的艰巨过程。

尽管我们立足近年来湘潭大学在学生工作方面的探索与实践，力求清晰地表达一些粗浅的思考，但囿于能力水平，在阐述当中仍然还存在许多的不足。比如，从整个高等教育改革与发展这一更加宏观的视角，来思考和探讨高校人才培养工作、学生工作，在思想与理论高度上还显得极为不够；把高校学生工作置于人才培养、学生课外培养这一宏观视角来加以探讨，为了将高校学生工作、学生课外培养工作相对区分于现有观念中的高校学生工作部门的工作，在对一些具体问题的讨论过程中，难以避免地出现重复性的论证内容；在探讨和思考高校学生工作的体系构建及改革创新方面，也只是基于现有的工作实践，还存在诸多需要进一步深入探究的问题；等等。

把有限的时间和精力，投入有意思的事务当中，可以使我们得到身心的愉悦。然而，只有把时间和精力投入有意义的事业当中，才能让我们真正获得精神的愉悦与生命的升华。因而，当察觉到高校学生工作实践中的某些变化已然来临、某些变革迫在眉睫时，主动顺应这一变化，积极探索并推动有利于高校人才培养质量提升、有益于学生全面发展的某些变革，即便有些艰难，会遇到各种各样的困难和问题，甚至只能促使人们在意识上、观念上或行动上发生某些细微的变化，都将会是极有价值和意义的。当然，针对实践工作，做这样一些思考和努力，也是我们作为一线学生工作者对待学生、对待工作所应持有的态度、责任和使命。

正是抱持着这样一种简单的想法，促使我们对高校学生工作进行一个整体的考察，并基于深化人才培养改革和促进学生全面发展这一根本出发点，对高校学生工作体系的构建与完善，做一个粗浅的、完全是出于实践经验的探讨。但是，作为一线学生工作者，我们觉得，只要是基于客观实践的、问题导向的和严肃认真的思考，只要能够对高校人才培养改革和促进学生成长发展的探讨及其实践有所助益，即使存在诸多的偏颇之处，应该还是会得到大家的理解、宽容和鼓励的。毕竟，经济社会发展尤其是信息技术、人工智能技术的发展，在可预见的范围内，给人们的生活、经济社会各领域将会带来或者说已经带来了广泛而深刻影响的大趋势下，尽管存在理论探讨层面的不足和实践思考方面的不成熟，也并不妨碍对高等教育的改革与发展、对高素质人才培养的方法与路径，做一点可能有益的思考与探讨，以期对高校的人才培养改革提供一个不同的考察视角。基于这一态度，我们做了一点粗浅的尝试。

由于思维视野、理论水平和实践经验的局限，加上目前对高校学生工作进行系统性的研究还不多，我们在对高校学生工作、学生课外培养工作和学生工作部门的工作进行思考与探讨的过程中，难以避免地会存在诸多的问题乃至谬误，敬请各位专家和从事高校学生工作的同行予以批评并不吝指正。

2024 年 3 月于湘潭大学